Comprendre les accords de partenariat économique entre l'UE et les pays ACP

Afrique, Caraïbes, Pacifique

Collection « Études africaines »

dirigée par Denis Pryen et son équipe

Forte de plus de mille titres publiés à ce jour, la collection « Études africaines » fait peau neuve. Elle présentera toujours les essais généraux qui ont fait son succès, mais se déclinera désormais également par séries thématiques : droit, économie, politique, sociologie, etc.

Dernières parutions

KIYINDOU Alain, ANATE Kouméalo, CAPO-CHICHI Alain (Dir.), *Quand l'Afrique réinvente la téléphonie mobile*, 2015
FAME NDONGO (Jacques), *Essai sur la sémiotique d'une civilisation en mutation. Le génie africain est de retour*, 2015.
TCHAKOTEU MESSABIEM (Liliane), *Droit OHADA - Droit français. La protection des créanciers dans les procédures collectives d'apurement du passif*, 2015.
AMBOULOU (Hygin Didace), *Le Droit des entreprises en difficulté dans l'espace OHADA*, 2015.
AMBOULOU (Hygin Didace), *Le Droit de l'arbitrage et des institutions de médiation dans l'espace OHADA*, 2015.
BASSÈNE (René Capain), *Casamance. Récit d'un conflit oublié (1982-2014)*, 2015.
DOSSI (Faloukou), *L'universalisation de la démocratie, Vers la théorie habermassienne de la démocratie*, 2015.
NDOMBET (Wilson-André, dir.), *Processus électoraux et immobilisme politique au Gabon (1990-2009)*, 2015.
ANGOULA (Jean-Claude), *L'Église et l'État au Sénégal, Acteurs de développement ?*, 2015.
MOUCKAGA (Hugues), OWAYE (Jean-François) WANYAKA (Virginie), *Démocratie et/ou démocrature en Afrique Noire ?*, 2015.

Ces dix derniers titres de la collection sont classés
par ordre chronologique en commençant par le plus récent.
La liste complète des parutions, avec une courte présentation
du contenu des ouvrages, peut être consultée
sur le site www.harmattan.fr

Raymond EBALÉ

Comprendre les accords de partenariat économique entre l'UE et les pays ACP

Afrique, Caraïbes, Pacifique

L'Harmattan

Du même auteur chez l'éditeur

L'Union européenne et les pays ACP : la fin d'une illusion ? L'accord de Cotonou : bilan et perspectives à l'horizon 2020, 2014.

5-7, rue de l'École-Polytechnique, 75005 Paris
www. harmattan.com
diffusion.harmattan@wanadoo.fr
harmattan1@wanadoo.fr
ISBN : 978-2-343-06748-3
EAN : 9782343067483

« *L'autre choix possible pour les pays ACP* [hors APE]*est la chasse et la cueillette* »

Louis Michel, Commissaire européen au développement et à l'Aide humanitaire (2006)

« *Chaque génération doit, dans une relative opacité, découvrir sa mission, la servir ou la trahir* »

Frantz Fanon

« *L'ennemi du continent africain n'est pas l'Union européenne, c'est la médiocrité africaine* »

Jean Paul Pougala

Sigles et acronymes

ACP	Afrique Caraïbes Pacifique
ACR	Accords Commerciaux Régionaux
APE	Accord de Partenariat Economique
BEI	Banque Européenne d'Investissement
CARICOM	Communauté et Marché Commun des Etats du Caraïbe
CDAA	Communauté des Etats de l'Afrique Australe
CEE	Communauté Economique Européenne
CEEAC	Communauté Economique des Etats de l'Afrique Centrale
CEMAC	Communauté Economique et Monétaire des Etats de l'Afrique Centrale
CEDEAO	Communauté Economique des Etats de l'Afrique de l'Ouest
CNSCN	Comité National de Suivi et de Coordination des Négociations
COMESA	Marché Commun des Etats de l'Afrique Australe et de l'Est
CRETES	Centre de Recherche et d'Etudes en Economie et Sondages
ECDPM	European Centre for Development Policy Management
EAMA	Etats Africains et Malgache Associés
FED	Fonds Européen de Développement
FMI	Fonds Monétaire International
GATT	Accord Général sur les Tarifs Douaniers et le Commerce
JITAP	Programme Intégrée Conjoint d'Assistance Technique
NOEI	Nouvel Ordre Economique International

NPF	Clause de la Nation la plus favorisée
OCM	Organisation Commune des Marchés [de la banane]
OMC	Organisation Mondiale du Commerce
ONG	Organisation non gouvernementale
OTC	Obstacles Techniques au Commerce
PAC	Politique Agricole Commune
PACOM	Programme d'appui à la compétitivité de l'économie camerounaise
PAS	Programmes d'ajustement structurel
PASAPE	Programme de Soutien à l'Accord de Partenariat Economique
PMA	Pays Moins Avancés
PTOM	Pays et Territoire d'Outre-mer
PVD	Pays en Voie de Développement
RDC	République démocratique du Congo
SADC	Communauté de Développement des Etats de l'Afrique australe
SPG	Système de Préférences Généralisées
SPS	Sanitaire et Phytosanitaire (normes)
Stabex	Système de stabilisation des recettes d'exportation
Sysmin	Système minier
TEC	Tarif Extérieur Commun
TSA	Tout Sauf les Armes
TFPR	Task Force de Préparation Régionale
UE	Union Européenne
UEMOA	Union Economique et Monétaire Ouest Africaine
ZLE	Zone de libre échange

Sommaire

Introduction

Les relations entre l'Union européenne (UE) et les pays d'Afrique, des Caraïbes et du Pacifique (ACP) en général et celles avec le Cameroun en particulier sont entrées, depuis plus d'une décennie maintenant, dans une phase nouvelle. En effet, à la faveur du nouvel Accord de Cotonou signé le 23 juin 2000, un cadre commercial novateur, connu comme les Accords de partenariat économique (APE), fut introduit dans le partenariat. Ceci faisait suite au constat d'échec du système des préférences non réciproques dont bénéficiaient les pays ACP sur le marché européen depuis les Conventions de Lomé (1975-2000), échec marqué notamment par leur recul dans les échanges extérieurs de l'UE[1] et leur marginalisation sur l'échiquier commercial mondial. Le nouveau régime devait par cette occasion être compatible avec les règles de l'Organisation Mondiale du Commerce (OMC) afin de s'adapter au contexte international. Le processus voulait pour cela qu'une négociation s'établisse entre les deux parties, négociations effectivement entamées en 2002 entre l'UE et six groupes régionaux ACP.

Une date buttoir fut à cet effet fixée, le 31 décembre 2007, pour que l'ensemble des pays ACP conclue un APE avec l'UE, conformément à une dérogation accordée par l'OMC.

C'est ainsi que le Cameroun, au même titre que les autres pays de l'Afrique centrale, se trouva associé à la négociation des APE, négociation qui aboutit, l'absence d'un consensus régional, à un paraphe individuel de l'accord le 17 décembre 2007, puis sa signature le 15 janvier 2009, et sa ratification le 10 juillet 2014.

Le fait est cependant que depuis le début du processus de négociation des APE au Cameroun, le sujet est resté - et reste d'ailleurs encore - très savamment hermétique, car étant le fait de quelques initiés recrutés pour l'essentiel dans quelques hautes administrations et dans une moindre mesure au sein de la

---

[1] Leur part est ainsi passé de 7 % dans les années 1970 à 2 % dans les années 2000.

société civile. Ceci a eu pour conséquences de laisser en dehors de toute entendement la masse populaire concernée au premier chef par les APE, elle qui devra pourtant ressentir les effets de l'accord dans sa chair. Rien donc d'étonnant qu'au Cameroun par exemple, plusieurs continuent de penser que les trois lettres A-P-E renvoient aux légendaires Associations de Parents d'Elèves qui essaiment dans nos écoles, lycées et collèges !

D'où l'opportunité de cette publication en six tableaux dont l'objectif est d'essayer d'éclairer l'opinion profane sur les APE et leur processus de négociation.

Méthodologiquement, nous avons voulu aller à l'essentiel en reconnaissant la grande difficulté qui existe à parler des APE ou les présenter dans un espace aussi si réduit que cet ouvrage. Pour cela, nous renvoyons le lecteur avide de plus d'informations à l'Internet où la documentation et l'information relatives aux APE abonde à profusion. Il suffit pour cela de se référer aux moteurs de recherche les plus connus à l'exemple de Google.

Pour terminer, nous voulons remercier les Editions L'Harmattan pour leur appréciable collaboration en vue de la parution cet ouvrage pédagogique. Il en est de même de tous les organes de presse privés de la ville de Yaoundé dont l'intérêt pour les APE à travers notre modeste expertise a favorisé l'éclosion de ce projet.

Chapitre 1

Le contexte historique de l'avènement des APE : la relation ACP-UE

Le contexte historique de l'avènement des APE est celui de la longue construction du partenariat entre l'UE et les pays ACP entamé à la fin des années 1950.

I – Aux sources de la relation : le Traité de Rome de 1957

Dès l'origine, les pays ACP furent connectés aux mécanismes d'aide communautaire par le jeu de la Convention d'application annexée au Traité de Rome du 25 mars 1957, qui créait la Communauté Economique Européenne (CEE). En effet pour certains Etats-membres de la CEE à l'instar de la France, la Belgique, les Pays-Bas et l'Italie, le Traité de Rome prit la décision d'intégrer leurs anciennes colonies dans le but d'établir des liens historiques. Le but de l'association était de promouvoir le développement économique et social des Pays et territoires d'outre-mer (PTOM), et d'établir des relations économiques étroites entre eux et la Communauté de manière à les conduire au développement économique, social et culturel qu'ils attendaient. C'est cette Convention, prévue dans l'article 136 du Traité et pour une durée de cinq ans, qui fixa les conditions dans lesquelles les Etats-membres de la CEE allaient participer aux mesures propres à cet objectif.

Dans cette perspective d'appui économique, l'année 1958 vit la création du premier Fond Européen de Développement (FED) doté d'une enveloppe d'environ 122 milliards FCFA. Les fonds provenaient d'un financement sur fonds publics des Etats-membres et gérés par la Commission européenne. Ils étaient mis à la disposition des PTOM selon un programme de développement précis et pour des investissements à caractère social et économique selon une répartition géographique. La totalité des concours était accordée sous forme d'aides non remboursables (subventions).

II – Les Conventions de Yaoundé (1963-1975)

Avec les indépendances des pays africains en 1960, la question de l'association établie en 1957 se posa. Ainsi après d'âpres discussions, dix-huit pays africains, réunis au sein des Etats Africains et Malgache Associés (EAMA) sollicitèrent la poursuite de cette relation, mais dans un cadre négocié. C'est ce qui allait conduire à la signature des Conventions de Yaoundé.

A - La Convention de Yaoundé I (1963-1969)

Cette Convention a été signée pour cinq ans le 20 juillet 1963,et réunissait les dix-huit EAMA, six pays européens. Yaoundé I a marqué la transition entre l'époque coloniale et celle des indépendances. La Convention visait à promouvoir la coopération entre la CEE et les EAMA, coopération qui devait s'organiser autour de trois éléments : (i) le libre-échange, qui devait favoriser les exportations des EAMA vers la CEE) ; (ii) l'aide financière et technique, accordée sous forme de subventions du FED complétées par les prêts de la Banque européenne d'investissement (BEI) et (iii) enfin, des institutions paritaires permettant aux deux partenaires de maintenir un dialogue permanent. Il s'agissait du Conseil d'association, du Comité d'association, de la Conférence parlementaire et de la Cour arbitrale.

B - La Convention de Yaoundé II (1969-1974)

Signée le 19 juillet 1969 par la CEE et les mêmes EAMA signataires de Yaoundé I et pour une durée analogue (5 ans), cette Convention reprenait pour l'essentiel les dispositions de la précédente. La principale innovation fut l'instauration d'un régime plus souple pour les produits agricoles relevant de la Politique Agricole Commune (PAC) de la CEE dont le sucre.

L'aide financière et technique s'éleva à environ 246 milliards FCFA sur fonds FED et prêts de la BEI avec une priorité pour le secteur industriel.

III - Les Conventions de Lomé (1975-2000)

D'une capitale africaine à une autre, les lieux de signature de la convention de coopération allaient changer. Désormais, Lomé, la capitale du Togo, prenait le relais pour rester le siège de quatre Conventions peaufinées au fur et à mesure de leur renouvellement.

En effet, avec l'élargissement de la CEE au Royaume-Uni, au Danemark et à l'Irlande en 1973 (désormais neuf membres), la possibilité d'un rapprochement des anciennes colonies britanniques membres du Commonwealth au processus de Yaoundé se posa. Les discussions qui s'engagèrent permirent de trouver un compromis par lequel les pays ACP, réunis en un groupe, s'engagèrent à signer une nouvelle convention de coopération à Lomé. Ce fut le départ d'un long processus qui allait conduire à la signature de quatre Conventions dans la même ville.

A - La Convention de Lomé I (1975-1979)

Signée le 28 février 1975, la Convention de Lomé I réunit neuf membres de la Communauté et 46 pays ACP. Par rapport aux deux Conventions antérieures, celle de Lomé I présenta plusieurs innovations. Il y eut d'abord l'institution d'un Système de stabilisation des recettes d'exportation des pays ACP (Stabex), un mécanisme conçu pour aider à maintenir à un certain niveau les revenus des exportateurs des produits de base ACP en cas de chutes des prix sur le marché mondial ou de baisse de production. Ensuite, Lomé I intégra la coopération industrielle dont l'importance fut affirmée pour constituer dorénavant un volet bien individualisé de la coopération. De même, le principe de « non-réciprocité » des obligations commerciales fut introduit. Son application se traduisit par un déséquilibre volontaire entre les obligations de l'UE et celles des ACP, ce qui allait permettre à près de 99 % des produits ACP d'entrer sur le marché européen en franchise de droits de douanes. Enfin, cette Convention favorisa un accroissement des responsabilités des Etats ACP dans la gestion et l'administration de la coopération ; ces Etats devaient désormais participer de manière plus active à chacune des diverses étapes des projets.

Sur le plan institutionnel, des organes conjoints furent créés. Il s'agit entre autres, du Conseil des ministres, du Comité des ambassadeurs et de l'Assemblée consultative.

B - La Convention de Lomé II (1979-1984)

Cette Convention fut signée le 31 octobre 1979 et devait expirer en février 1985. Elle interpellait une fois de plus les neuf Etats de la CEE, mais avec cette fois 58 Etats ACP.

Les dispositions de Lomé I furent pour l'essentiel reprises dans cette Convention. Aussi sa nature profonde ne s'en trouva pas modifiée. Lomé II s'inscrivait dans la ligne de consolidation et d'approfondissement des acquis. La principale innovation fut l'initiation du Système minier (Sysmin), un mécanisme chargé de rétablir la viabilité du secteur minier des Etats ACP. Son objectif était de maintenir la capacité de production existante pour un produit minier lorsque cette capacité est entamée et que les recettes d'exportation s'amenuisent.

Par ailleurs, pour la première fois, ont été présentés dans la Convention, des domaines tels que les investissements privés, la main-d'œuvre, la pêche et les transports maritimes.

Enfin un chapitre spécial de la Convention a été consacré à la coopération agricole et la promotion du monde rural. Ce chapitre mettait l'accent sur le renforcement des moyens d'assistance technique propre à permettre aux autorités politiques des Etats ACP de mieux concevoir et de mieux définir par elles-mêmes des politiques et des projets de développement rural adaptés à leurs besoins.

C - La Convention de Lomé III (1984-1989)

Cette Convention a été signée le 8 décembre 1984 entre une CEE comprenant dix membres d'une part et 65 Etats ACP d'autre part.

Dans un contexte international difficile pour les pays ACP caractérisé dans une large mesure par les effets de la sécheresse, l'effondrement des cours des produits de base, le renchérissement du loyer de l'argent, les fluctuations des taux des changes, les déséquilibres des balances de paiement et l'aggravation de l'endettement, les signataires de la Convention de Lomé III se sont attachés à mettre en place des dispositions pouvant concourir à une plus grande efficacité de l'appui communautaire ainsi qu'une meilleure insertion de celui-ci dans les efforts de développement des pays ACP. A cet effet, la Convention comportait une partie introductive mettant en valeur la nécessité d'un développement autonome et auto-entretenu de ces pays. L'accent a été particulièrement mis sur le rôle central de l'homme dans la coopération, son bien-être, l'importance de la production alimentaire et le développement rural.

Les autres améliorations apportées par la Convention de Lomé III concernèrent notamment la coopération régionale qui fut renforcée, le commerce qui devait être libéralisé davantage, le mécanisme Stabex qui devait connaître une extension de la couverture des risques et le Sysmin qui devait être orienté vers une plus grande viabilité du secteur minier.

L'enveloppe financière connut une augmentation de 60% par rapport à Lomé III.

D - La Convention de Lomé IV (1989-2000)

Signée le 15 décembre 1989, la Convention de Lomé IV, contrairement aux trois précédentes, le fut pour une durée de dix ans entre l'Europe des Douze et 68 Etats ACP.

La situation de la majorité des Etats ACP s'étant considérablement dégradée au cours de la période d'application de Lomé III, la Convention de Lomé IV devait constituer l'instrument permettant d'améliorer cet état de choses, raison pour laquelle, elle s'attacha à maintenir les objectifs antérieurs concernant le développement à long terme, tout en prévoyant des mesures visant à juguler la crise économique. Compte tenu du contexte, la majorité des Etats ACP avaient dû se tourner vers les institutions de Bretton Woods (FMI et Banque mondiale) qui leur ont imposé des Programmes d'ajustement structurel (PAS) dont les répercussions sociales s'étaient avérées très dures. En conséquence, il a été introduit dans Lomé IV un appui financier et technique à l'ajustement structurel permettant aux Etats ACP de continuer à mettre en œuvre les réformes économiques jugées nécessaires tout en les rendant plus supportables sur le plan social.

En outre, dans la Convention de Lomé IV, une importance fut accordée à la coopération décentralisée qui constituait à la fois une étape sur la voie de la démocratie et un débouché pour les initiatives locales.

La Convention de Lomé IV a été révisée à mis parcours, le 4 novembre 1995 à l'Ile Maurice. Cette révision a réuni 70 pays ACP et l'Europe des Quinze qui, par le Traité de Maastricht du 7 février 1992, s'engagea à la constitution d'un marché unique pour l'aboutissement d'une Union. Cette révision porta la dénomination de « Lomé IV bis » et eut pour épicentre le respect des principes démocratiques, l'Etat de droit et le concept de la bonne gouvernance. Elle prévit même des sanctions à l'endroit des Etats qui outrepassaient les principes essentiels suscités. Les Etats ACP se sont insurgés contre cette décision.

IV – L'Accord de Cotonou (2000-2020)

Les Conventions de Lomé ont été considérées pendant longtemps comme un modèle innovateur de coopération internationale, car ayant servi à bien d'égards de structure pilote à d'autres formes de coopération. Mais si les Conventions successives se sont caractérisées par la continuité, la nature de la coopération ACP-UE s'est vue profondément modifiée après 1990. En effet, la relation privilégiée s'est retrouvée sous une forte pression suite à de nombreux facteurs parmi lesquels l'ouverture de l'UE aux pays de l'Europe de l'Est à la suite de l'effondrement du mur de Berlin, la diminution des intérêts communs qui s'ensuivit, l'introduction de la dimension politique dans la relation, la libéralisation progressive des échanges avec la naissance de l'OMC, la complexité et l'impact douteux de l'aide.

Concernant l'impact douteux, la Convention de Lomé se présentait sur le papier comme un cadre global approprié. Mais concrètement, elle a fait apparaître un outil très complexe à travers une multiplicité d'objectifs et procédures opaques, une bureaucratisation abusive et une efficacité restreinte sur le développement réel.

Autour de cet environnement, l'UE prit l'initiative d'engager une vaste consultation avec les pays ACP sur l'avenir de la coopération dans la perspective d'un nouvel accord s'appuyant sur différentes générations d'accords entre un Groupe ACP en pleine expansion et un monde et une UE en pleine mutation.

Il fut donc initié, en novembre 1996, une réflexion qui aboutit à la publication d'un *Livre vert* relatif à un ensemble de propositions pour une amélioration de la coopération fondé sur l'analyse des obstacles[2]. C'est cette réflexion et ces propositions qui conduisirent à la signature d'un nouvel accord à Cotonou au Bénin le 23 juin 2000.

L'Accord de Cotonou a été signé pour une durée de 20 ans (2000-2020), avec une clause de révision tous les cinq ans. Il est mentionné que « le partenariat est centré sur l'objectif de réduction et, à terme, d'éradication de la pauvreté, en cohérence avec les objectifs du développement durable et d'une intégration progressive des pays ACP dans l'économie mondiale » (art. 1)

---

[2] Voir Commission européenne, *Livre Vert sur les relations entre l'Union européenne et les pays ACP à l'aube du 21ème siècle. Défis et options pour un nouveau partenariat*, Luxembourg, Office des publications officielles des Communautés européennes, 1997.

Le partenariat de Cotonou est basé sur cinq piliers interdépendants à savoir :

1. *Le renforcement de la dimension politique et institutionnelle*, où à côté des éléments essentiels (respect des droits de l'homme, Etat de droit et principes démocratiques dont la violation peut entraîner une suspension immédiate de la coopération) ont été introduites la bonne gouvernance et la question des migrations internationales ;

2. *La promotion des approches participatives*, avec l'ouverture du partenariat à la société civile, au secteur privé et aux collectivités locales dont la participation est souhaitée dans la conception et la mise en œuvre des programmes et projets ;

3. *Une stratégie globale centrée sur l'objectif de lutte contre la pauvreté*, avec une approche retenue qui en intègre la complexité et le caractère multidimensionnel du concept ;

4. *Une réforme de la coopération financière*, qui contient les aspects novateurs tels que la rationalisation de la gestion du principal instrument d'appui communautaire qu'est le FED, la flexibilité de la programmation et la suppression des instruments de stabilisation qu'étaient le Stabex et le Sysmin ;

5. *L'établissement d'un nouveau cadre de coopération économique et commerciale*, dont la pierre angulaire est constituée par les APE développés par cet ouvrage.

Sur le papier, l'Accord de Cotonou offre un cadre exhaustif dans lequel s'inscrivent la plupart de grands problèmes rencontrés par les pays ACP. Mais avec le temps, on s'est vite rendu compte que cet ambitieux arrangement posait d'énormes problèmes de mise en œuvre sur le terrain. Son application concrète est restée un véritable baptême du feu, car les éléments qui ont traditionnellement entravé l'utilisation optimale des dispositions de Lomé n'ont pas entièrement disparu.

On a remarqué de manière générale que les acteurs manquent de connaissances et de capacités en ce qui concerne des domaines relativement nouveaux de la coopération (par exemple la prévention de conflits, la lutte contre la corruption, l'appui à la décentralisation) ou d'instruments novateurs (par exemple la programmation glissante). De même, l'Accord de Cotonou est resté vague sur les modalités précises d'implication des acteurs non étatiques et des gouvernements locaux.

Dans le domaine du commerce, les parties n'ont pas relevé le défi de procéder à un renforcement majeur de leurs capacités pour négocier et mettre en œuvre des accords aussi complexes que les APE tout en menant des négociations commerciales au sein de forums régionaux et multilatéraux. Les aspects techniques et politiques liés à la décision de chaque pays de signer ou non ces accords ont ainsi engendré des tensions non seulement entre l'UE et les pays ACP, mais également entre membres du groupe ACP.

Enfin, la Commission européenne devait mettre en œuvre l'Accord de Cotonou alors qu'elle est confrontée à un processus de réforme profonde de son cadre institutionnel et ses modes de gestion.

Chapitre 2
Aux sources des APE

Il s'agit dans ce chapitre d'essayer de remontrer aux origines des APE.

I – Définition des APE

A défaut d'une définition claire des APE que ne donne pas l'Accord de Cotonou, il est possible de les définir à partir de leurs objectifs et principes, et à partir du cadre des négociations. Les APE sont ainsi les nouveaux[3] accords commerciaux compatibles avec les règles de l'OMC qui, d'après l'Accord de Cotonou, devaient être signés entre l'UE et 79 Etats ACP avant le 1er janvier 2008 en vue de favoriser l'insertion progressive de ces derniers dans l'économie mondiale. Ce sont essentiellement des accords libéraux, qui envisagent la création d'une zone de libre-échange entre l'UE et six groupes régionaux ACP et dans laquelle il n'existerait pas de droits de douane sur les biens importés et exportés entre les deux parties. Concrètement, les pays ACP, pour maintenir leur accès préférentiel au marché européen devront progressivement ouvrir leur propre marché aux produits européens. Outre le commerce des biens et des produits agricoles, les APE réglementeront également tout un ensemble de questions en rapport avec le commerce à savoir les services, les investissements, les marchés publics, les normes de produits, etc. Les APE sont une réponse à une mondialisation de plus en plus concurrentielle au-delà du constat conjoint que les préférences non réciproques de Lomé ont constitué un vaste échec commercial.

---

[3] Dans le sens où ils viennent remplacer le régime préférentiel non réciproque mis en place par les Conventions de Lomé depuis 1975.

II – Les fondements des APE

Les fondements des APE peuvent s'analyser en fondements lointains et en fondements immédiats.

A – Les fondements lointains : l'échec des préférences commerciales de Lomé ?

Il est généralement admis, mais ce qui reste fort discutable, que l'avènement des APE est lié à l'échec des préférences commerciales instituées par les Conventions successives de Lomé.

1) Un bilan décevant

Malgré le fait que le régime commercial préférentiel de Lomé soit considéré comme le plus généreux au monde, il est ressorti que le bilan posé après 25 années de coopération s'est avéré décevant. En effet et d'après les statistiques, entre la signature de Lomé I (1975) et l'expiration de Lomé IV bis (2000), la part des pays ACP sur le marché européen a diminué de plus de la moitié, passant de près de 6,7 % à environ 2,8 %, largement au profit d'autres pays en développement, à l'exemple de ceux de l'Asie du Sud-Est qui bénéficiaient pourtant d'un niveau d'accès au marché de l'UE moins favorable que celui des ACP[4].

Il s'avère que les expériences réussies d'utilisation des préférences par les ACP se sont limitées à quelques secteurs et quelques pays dont Maurice, le Botswana, la Côte d'Ivoire, la Jamaïque et le Zimbabwe. Si la part des pays ACP a diminué sur le marché européen, l'UE est restée néanmoins le principal partenaire des pays ACP et plus particulièrement des pays africains en concentrant 41 à 46 % de leurs exportations. Le système de préférences non réciproques n'a pas conduit à la

[4] A travers notamment le SPG.

transformation structurelle des économies et peu d'activités industrielles ont connu un processus de maturation les conduisant à une pleine compétitivité au niveau international. Aussi les préférences commerciales n'ont pas empêché la marginalisation des pays ACP dans l'économie mondiale dont la part du PIB régional dans le PIB mondial est tombée à 1 %. En outre, ce régime commercial n'a pas permis la diversification dans la mesure où les produits primaires dans les exportations contribuent à hauteur de 90 % des exportations totales pour l'ensemble de la région africaine.

Divers éléments sont invoqués pour expliquer l'échec du régime commercial de Lomé. Il est cité généralement entre autres facteurs, certaines barrières non tarifaires en vigueur sur les produits agricoles en Europe, les règles d'origine relativement protectrices, une compréhension limitée des dispositions de l'accord et leur procédure complexe, la capacité d'offre limitée des pays ACP, la pénurie d'investissements privés, les carences de l'infrastructure, le développement insuffisant du secteur des services financiers, une base de ressources humaines trop étroite et, enfin, la mauvaise structuration et la faible diversification des exportations des pays ACP. Certains auteurs insistent pour leur part sur le problème de l'offre. Pour eux, l'offre des pays ACP subit de lourdes contraintes à la fois microéconomiques (accès au crédit, coût unitaire du travail, coûts des facteurs) et macroéconomiques (surévaluation du taux de change, instabilité de la croissance...) qui l'ont toujours empêché de répondre aux incitations mises en place (...). De même, les pays ACP présentent une vulnérabilité intrinsèque (niveau d'éducation, petite taille du pays, croissance démographique forte) générant ou accompagnant de fortes instabilités macroéconomique. Ils ajoutent que cette situation est aggravée par la mauvaise gouvernance et le détournement des ressources publiques à des fins privées, par leurs gouvernements et leur clientèle.

2) Une érosion inéluctable

L'échec du système de préférence de Lomé est également imputable à l'érosion des préférences, érosion liée notamment à deux phénomènes :

1. *L'abaissement progressif par l'UE de ses barrières commerciales*, d'une part dans le cadre multilatéral (le GATT), au profit de tous les membres de l'OMC ou de certains d'entre eux (le projet d'accès libre au marché UE en faveur des PMA) et, d'autre part au niveau bilatéral, par la multiplication des accords préférentiels avec certains pays tiers (Europe de l'Est, Turquie, Maghreb, Moyen-Orient, Afrique du Sud, Amérique Latine, etc.).

Cette libéralisation généralisée des échanges par les accords de l'OMC a mécaniquement réduit l'intérêt des préférences. En 2000 par exemple, la marge préférentielle globale accordée par l'UE aux pays ACP par rapport aux autres pays en développement n'était que de 2 % dont 1,6% pour les produits industriels et 4,5% pour les produits agricoles).

2. *Le type de préférences octroyées commençait à « dater »* : les restrictions tarifaires et quantitatives ne sont plus en effet les seuls instruments du protectionnisme européen. D'autres obstacles, comme les normes phytosanitaires ou de qualité, les actions *antidumping*, ou les distorsions induites par les législations nationales, jouent un rôle croissant contre lequel les préférences héritées de Lomé ne peuvent rien.

3) Et une légitimité contestée

Finalement, on évoque les lourdes pressions subies par le régime commercial de Lomé pendant la décennie 90 pour justifier l'avènement des APE. En effet, la légitimité de ce régime commercial est largement mise à mal dans le contexte de la montée en puissance du système commercial multilatéral, symbolisé par l'OMC. C'est notamment l'affaire de la banane qui va définitivement sonner le glas des préférences non réciproques et ébranler les avantages non réciproques octroyés aux pays ACP. Ainsi, dès 1993, l'Organisation Commune des Marchés de la banane (OCM), qui régule le marché de l'UE et protégeait jusque-là les pays ACP exportateurs, fut vivement contestée par les pays d'Amérique latine producteurs de banane. En 1994, ces pays, appuyés par les Etats-Unis, attaquèrent ces dispositions dans le cadre du GATT. Ce dernier, après avoir examiné le régime européen en vigueur, condamna l'OCM et établit un premier rapport conseillant aux parties contractantes du GATT d'adopter une dérogation en faveur de la Convention de Lomé. Cette dérogation fut adoptée, le 9 décembre 1994, quelques jours avant la constitution de l'OMC.

En 1996, les Etats-Unis, le Mexique, le Guatemala, le Honduras et le Costa Rica attaquèrent à nouveau l'UE devant l'OMC qui condamna en 1997 le régime européen d'importation de la banane. L'OMC jugea la politique communautaire de coopération non réciproque incompatible avec les principes du GATT et particulièrement en son article premier sur la Clause de la nation la plus favorisée (NPF)[5]. Les deux raisons invoquées pour justifier l'incompatibilité de Lomé avec l'article premier étaient les suivantes : d'une part la Convention de Lomé n'était pas considérée comme un accord de libre-échange et constituait dès lors une dérogation illégale à la clause de la NPF ; d'autre part les préférences commerciales non réciproques instauraient une discrimination entre les PVD eux-mêmes.

C'est devant le bilan mitigé du régime commercial de Lomé et les pressions croissantes de mise en conformité aux règles internationales que la Commission européenne jugea utile de publier le *Livre vert* sus-évoqué en 1996, dont l'objectif était de *« revitaliser les relations ACP-UE, d'ouvrir de nouveaux horizons et d'accroître les chances de succès»*. Sur la base de

---

[5] Dans le contexte du GATT, la Clause de la Nation la plus favorisée (NPF) voudrait qu'un avantage donné à un pays soit accordé à tous les autres pays. Les pays latino-américains voulaient ainsi que tous les avantages offerts par l'UE aux pays ACP en matière commerciale leur soient également accordés.

multiples consultations, ce document mettait en perspective quatre scenarii possibles sur le plan commercial après Lomé :

i) Le "statu quo" qui maintenait les préférences de Lomé sous certaines conditions ;

ii) L'intégration dans le SPG qui consistait à éliminer le volet commercial de la Convention de Lomé qui serait ainsi réduite à un système d'aide ;

iii) La réciprocité uniforme qui demandait à tous les ACP d'étendre la réciprocité (en accord avec les règles de l'OMC), après une période de transition commune, aux exportations de l'UE ;

iv) La réciprocité différenciée, qui était une réciprocité à géométrie variable (en accord avec les règles de l'OMC) avec l'UE d'une part, et avec des groupes régionaux homogènes de pays ACP ou avec des pays ACP individuels d'autre part, sur le modèle des Accords commerciaux régionaux (ACR) Nord-Sud.

C'est finalement le scénario prévoyant une réciprocité différenciée sur la double base des niveaux de développement (PMA ou non PMA) et du processus d'intégration régionale qui fut finalement retenu et qui allait conduire aux APE.

B – Les fondements immédiats : l'incompatibilité des clauses de Lomé avec les règles de l'OMC

L'avènement des APE a sonné comme une exigence de l'harmonisation de la coopération ACP-UE à la mondialisation. En effet avec la création et l'entrée en vigueur de l'OMC, le 1er janvier 1995, les principes de non-discrimination et de réciprocité se sont érigés comme éléments fondamentaux contraignants des échanges commerciaux internationaux. Les préférences tarifaires non réciproques sont dès lors devenues incompatibles avec les règles du commerce international.

L'incompatibilité de Lomé avec les règles de l'OMC est ainsi l'argument clé avancé par l'UE pour justifier la fin des préférences non réciproques. Les préférences enfreignaient, en effet, le principe de non-discrimination, établi par l'article premier du GATT, véritable pierre angulaire du système commercial multilatéral : toute préférence accordée à un membre doit l'être automatiquement à tous les autres. C'est le traitement de la Nation la plus favorisée (NPF) qui constitue un des principes fondamentaux de l'OMC. Des exceptions sont, certes, prévues à ce principe, qui permettent la conclusion d'accords discriminatoires sous deux réserves :

1. Soit qu'ils soient réciproques, dans le cas d'accords de libre-échange scellant un projet d'intégration politique entre membres de l'OMC (article XXIV du GATT),

2. Soit qu'ils soient accordés par un pays développé à tous les pays en développement ou un sous-ensemble reconnu à l'OMC, le seul étant les PMA, sans discrimination entre ces derniers (Clause d'habilitation) permettant un traitement spécial et différencié des pays en développement.

Or, les préférences héritées de Lomé n'étaient pas éligibles au titre de ces exceptions. D'une part le régime était non réciproque, donc il n'était pas un accord de libre-échange, d'autre part il était discriminatoire, car plus avantageux envers les ACP qu'envers d'autres pays en développement, aux populations parfois beaucoup plus pauvres (comme l'Inde ou le Vietnam). Pour cette raison, l'UE avait dû demander aux autres membres de l'OMC une dérogation à l'article premier du GATT pour Lomé IV-bis (1995-2000) qu'elle a obtenue.

L'UE a ainsi annoncé, lors des négociations de l'après Lomé, qu'elle n'en solliciterait pas plus d'une supplémentaire, à titre provisoire, en attendant de mettre en place un régime pleinement compatible avec les règles de l'OMC. Ce régime, sur lequel se sont accordés les ACP et l'UE à Cotonou en juin 2000, ce sont les APE.

III – Les objectifs et le contenu des APE

A –Les objectifs

L'Accord de Cotonou se consacre en son Titre II à la description de la coopération économique et commerciale prévue entre les deux parties de l'accord. Alors que le chapitre 1 (articles 34 et 35) expose les objectifs et principes de la coopération économique et commerciale, le chapitre 2 (articles 36 à 38) quant à lui, se penche sur les modalités et procédures des nouveaux accords commerciaux.

De manière générale, l'objectif explicite de la coopération commerciale visée par les APE est de promouvoir l'intégration progressive et harmonieuse des Etats ACP dans l'économie mondiale, dans le respect de leurs choix politiques et de leurs priorités de développement tout en encourageant leur développement durable et en contribuant à l'éradication de la pauvreté (article 34 al 1). Il s'agit de permettre aux pays ACP de participer pleinement au commerce international (article 34 al 2). L'accord précise également que la coopération économique et commerciale « *vise à renforcer les capacités de production, d'approvisionnement et commerciales des pays ACP ainsi que leur capacité à attirer les investissements* » (article 34 al 3). En outre, l'accord précise que la coopération ACP-UE devra être appliquée «*en parfaite conformité avec les dispositions de l'accord instituant l'OMC* »(article 34 al 4).

L'accord devra respecter quelques principes : la coopération économique et commerciale doit « *viser une plus grande compétitivité des économies ACP* » (article 35 al 1), être basée sur les « *initiatives d'intégration régionale* dans ces pays » (article 35 al 2), mais elle maintiendra « *un traitement particulier en faveur des États ACP PMA* » et tiendra compte «

de la vulnérabilité des petits pays enclavés ou insulaire » (article 35 al 3).

B –Le contenu

Les APE couvrent plusieurs domaines liés au commerce : commerce des marchandises, commerce des services et tous les autres domaines liés au commerce.

Les négociations sur le commerce des marchandises portent sur le taux d'ouverture des marchés et la durée de la période de transition. Dans le commerce des services, les négociations portent sur le nombre de secteurs de services à libéraliser et la durée de la période transitoire. D'autres questions connexes sont aussi en négociation tels que la propriété intellectuelle, les règles d'origine, les mesures de sauvegarde, les systèmes phytosanitaires (SPS), les obstacles techniques au commerce (OTC), les marchés publics, la concurrence, etc.

IV – Les bases et les principes des APE

A – Les bases

Ces bases émanent principalement des concepteurs des APE et reflètent la vision européenne de ces derniers. On peut en relever quatre fondamentaux :

1) Le partenariat

Les APE sont des accords de partenariat qui impliquent des droits et des obligations des deux côtés. Il est essentiel que chaque partie respecte ses obligations pour la réussite de l'entreprise tout entière. En particulier, alors que l'UE est disposée à ouvrir davantage son marché aux produits ACP et à aborder les autres entraves aux échanges, les Etats ACP doivent être disposés à mettre en œuvre des politiques appropriées pour renforcer leur capacité de répondre à la demande et pour réduire les coûts de transaction.

2) L'intégration régionale

Pour les concepteurs des APE, l'intégration régionale est un moyen efficace pour stimuler l'intégration dans l'économie mondiale. La puissance de l'UE, fondée sur son intégration régionale profonde en témoigne. Les progrès déjà réalisés parmi les ACP en la matière reflètent leur choix politique de parvenir à une intégration dans l'économie mondiale à partir de l'intégration économique régionale. Les APE sont par conséquent construits à partir des initiatives d'intégration régionale existantes. Ils appuieront le processus d'intégration au sein des ACP, conformément à l'Acte constitutif de l'Union africaine ou selon qu'il sera convenu entre la totalité des Etats ACP.

3) Le développement

Pour l'Europe, les APE sont avant tout des instruments de développement. Ils devraient donc être conçus avec toute la flexibilité nécessaire pour tenir compte des contraintes économiques, sociales et environnementales des pays ACP concernés ainsi que leur capacité d'adaptation au nouvel environnement commercial. D'autre part ils doivent être intégrés dans la politique de développement des pays ACP et dans les stratégies de soutien de l'UE.

4) Le lien avec l'OMC

Les APE ne sont pas une fin en soi, mais une étape visant à faciliter l'intégration des pays ACP dans l'économie mondiale. Ils sont donc basés sur les règles de l'OMC, en tenant compte des résultats du Programme de Doha pour le développement[6]. Cependant, pour certains aspects, ils iront au-delà de l'OMC. Ils

[6] La 4ème Conférence ministérielle de l'OMC tenue à Doha (Qatar) en novembre 2001 encourage le lien entre le commerce et le développement dans les pays en développement.

mettront en place, dans le cadre de ces règles, des relations commerciales bilatérales plus spécifiques et plus opérationnelles, destinées à réduire l'incidence de toutes les entraves aux échanges entre les ACP et l'UE et à établir une intégration plus étroite entre leurs économies.

B – Les principes

Nous distinguons les principes généraux des principes de fonctionnement des APE.

1) Les principes généraux

Tels que définis par l'Accord de Cotonou, les APE se fondent sur les quatre principes ci-après :

- **La négociation**

Les APE sont fondés sur la notion de contrat, c'est-à-dire que les avantages consentis doivent correspondre à des obligations précises. Les APE sont donc négociés. Ils sont différents des instruments de coopération commerciale des Conventions de Lomé, car ils vont au-delà de l'aide en introduisant un partenariat contractuel entre l'Europe et les pays ACP. Les Etats ACP sont tenus, pour la première fois, de négocier leurs relations commerciales avec l'Europe. C'est ce qui amène à dire que les APE sont un contrat entre l'UE et les pays ACP dont chaque partie est tenue de respecter ses engagements. Cela est d'autant plus vrai dans la mesure où la signature des APE pourrait ne pas être plus avantageuse d'un point de vue commercial, mais offre tout de même la garantie d'une forme contractuelle protégeant ainsi les droits qui en découlent.

- **La réciprocité**

Les APE obligent les pays ACP à offrir la réciprocité, c'est-à-dire qu'à leur tour ils doivent ouvrir progressivement leurs marchés aux produits européens. Les APE constituent donc clairement des zones de libre-échange. Cependant, l'ouverture peut être asymétrique : la zone de libre-échange ne couvre pas tous les produits et les pays ACP ne sont pas obligés d'ouvrir leurs frontières autant que ne le fait l'UE. Tout l'enjeu de la négociation consiste donc à identifier les produits qui d'un côté comme de l'autre peuvent être exclus de la zone de libre-échange.

- **La régionalisation**

L'UE encourage les pays ACP à signer les APE non pas individuellement, mais en tant que groupements régionaux (il y en a six au total). Cela permettrait d'éviter la prolifération d'accords et de contribuer à soutenir l'intégration régionale intra ACP. C'est aux pays ACP de confier leur mandat de négociation à un groupement dont ils font partie. Pour l'Afrique centrale, c'est le bloc CEMAC (avec inclus Sao Tome et Principe et la République Démocratique du Congo (RDC) qui négocient un APE avec l'UE).

- **Le traitement différencié**

L'Accord de Cotonou dispose que les 39 PMA du groupe ACP ne sont pas tenus de signer un APE pour conserver leur niveau d'accès actuel au marché de l'UE, ceci en raison de la fragilité particulière de leurs économies. S'ils ne souhaitent pas ouvrir leurs propres marchés à l'UE, ils peuvent choisir de conserver les préférences commerciales non réciproques actuelles dont ils bénéficient dans le cadre de l'initiative« Tout Sauf les Armes » (TSA) ». Cette initiative créée en février 2001 et entrée en vigueur en mars de la même année accorde aux PMA un accès libre de droits de douane à toutes leurs exportations sauf les armes et les munitions vers le marché européen.

2) Les principes de fonctionnement

Suite à la dérogation obtenue par l'UE au niveau de l'OMC, une période de transition a été prévue avant la conclusion des APE. La transition s'étalait de juin 2000 au 31 décembre 2007. Suivant l'article 36.3 de l'Accord de Cotonou, les préférences commerciales non réciproques appliquées dans le cadre de la Convention de Lomé IV devaient être maintenues au cours de cette période pour tous les pays ACP selon les conditions définies par l'annexe V apposée à l'accord. L'annexe V reprend la quintessence des dispositions des articles 167-185 de la Convention de Lomé IV, avec des changements mineurs : les protocoles sur le sucre et la viande bovine sont maintenus ; celui sur la banane est remplacé par un autre qui ne contient plus d'engagements spécifiques dans le domaine commercial ; le protocole sur le rhum a été éliminé.

Ces dispositions transitoires préparaient à la conclusion des APE et la pleine mise en œuvre du régime commercial de l'Accord de Cotonou.

Chapitre 3
Organisation générale des négociations

Cette organisation est principalement régie par l'article 37 de l'Accord de Cotonou. Après avoir décrit l'environnement général, nous montrerons comment cette organisation s'est présentée en Afrique centrale.

I – Les parties négociantes

Les parties à la négociation des APE sont d'une part l'UE et ses 27 Etats, représentés par la Commission européenne et d'autre part les pays ACP répartis en six groupes régionaux dont quatre en Afrique et deux représentés par les Caraïbes et le Pacifique tels que le montre le tableau suivant :

Tableau 1
Groupes régionaux de négociation ACP

Région	Organisation	Pays	Début des négociations
Afrique de l'Ouest (16 pays)	CEDEAO	Bénin, Burkina-Faso, Côte d'Ivoire, Guinée-Bissau, Mali, Niger, Sénégal, Togo, Cap-Vert, Gambie, Ghana, Guinée, Libéria, Nigeria, Sierra Leone, Mauritanie	6 octobre 2003
Afrique centrale (8pays)	CEMAC	Cameroun, Gabon, Guinée Equatoriale, République Centrafricaine, République du Congo, Tchad, Sao Tomé et Principe, RDC	4 octobre 2003
		Burundi, Comores,	

Afrique orientale et australe (11 pays)	COMESA	Djibouti, Érythrée, Éthiopie, Kenya, Madagascar, Malawi Maurice, Rwanda, Seychelles Soudan, Ouganda, Zambie Zimbabwe	7 février 2004
Afrique australe (7 pays)	SADC	Botswana, Lesotho, Namibie, Swaziland, Angola, Mozambique et Tanzanie,	8 Juillet 2004
Région des Caraïbes (16 pays)	CARICOM	Antigua-et-Barbuda, Bahamas Barbade, Belize, Dominique Grenade, Guyana, Haïti, Jamaïque, République Dominicaine, Saint-Kitts et-Nevis, Sainte-Lucie, Saint-Vincent-et-Grenadines, Suriname, Trinité-et-Tobago	16 avril 2004
Région du Pacifique (14 pays)	Forum du Pacifique	Cook, Îles Salomon, Fidji, Kiribati, Îles Marshall, Micronésie, Nauru Nioué, Palaos, Papouasie-Nouvelle-Guinée, Samoa, Tonga Tuvalu, Vanuatu	10 septembre 2004

Source : Commission européenne

Comme cela apparaît, la configuration des régions africaines dans la négociation ne correspond pas intégralement aux communautés économiques régionales existant jusque-là. Ainsi en Afrique centrale par exemple, la RDC a été joint aux six Etats de la CEMAC sans qu'elle en fasse partie. Cette configuration voulue par l'UE a fait l'objet de vives critiques, car ayant largement bousculé l'équilibre économique et géographique des régions.

De même, en raison du statut particulier octroyé aux pays PMA dans le système commercial international, ceux d'entre eux qui se trouvent dans l'espace ACP ne devaient être impliqués dans la négociation des APE que dans la mesure où ils se sentent prêts à le faire, au niveau qu'ils jugent appropriés et conformément aux procédures acceptées par le groupe ACP[7]. Même les pays non PMA du groupe ACP qui ne le souhaitaient pas n'avaient pas l'obligation de négocier les APE. Dans ce cas, l'UE avait l'obligation d'examiner la situation de ces non PMA qui décident, après consultation avec la Commission, qu'ils ne sont pas en mesure de négocier des APE.

II – Les grandes phases et étapes de négociation

La négociation des APE a été subdivisée en trois grandes phases conformément à l'article 37 de l'Accord de Cotonou.

A - La Phase I ou Phase globale ACP-UE (2002-2003)

Cette première phase des négociations s'est déroulée de septembre 2002 à septembre 2003. Elle s'est effectuée entre la Commission européenne et le Groupe ACP dans son ensemble piloté par son Secrétariat de Bruxelles.

La première phase des négociations a été menée par le Conseil des ministres des Etats ACP[8] qui avait pour mission d'assumer la direction politique des négociations et qui en était

---

[7] Ceci en vertu de l'initiative « Tous sauf les armes » dont ils ont bénéficié en 2001.

[8] Le Conseil des ministres est l'organe de décision principal du Groupe ACP. Il s'agit de l'autorité supérieure chargée de la mise en œuvre des orientations définies par le Sommet. Le Conseil se compose d'un membre du Gouvernement de chaque ACP ou d'un représentant désigné par celui-ci. Le Conseil se réunit en session ordinaire deux fois par an. Il détermine les modalités de mise en œuvre des objectifs du Groupe ACP tels que définis dans sa politique générale et examine périodiquement la réalisation de ces objectifs.

responsable tant dans leur conduite que pour leur approbation. Les négociations politiques de fond sur chaque groupe de sujets spécifiques ont été menées par des porte-parole ministériels venant des États ACP, alors que les négociations préparatoires se sont déroulées au niveau du Comité des ambassadeurs[9] des États ACP. Du côté de l'UE, la Commission européenne a reçu un mandat du Conseil européen (chefs d'Etat et de gouvernement) pour négocier les APE. En pratique, c'est la Direction Générale du Commerce qui a assuré le leadership des négociations commerciales. Mais avant l'adoption (à l'unanimité) par les États-membres de l'UE, le 17 juin 2002 du mandat de négociation de la Commission, une série de consultations internes ont eu lieu entre les Directions Générales du Commerce, du Développement et de l'Agriculture.

L'UE considérait que la Phase I était destinée à examiner et à recenser les grandes questions qui présentaient un intérêt pour l'ensemble du groupe ACP et que cette phase ne devait pas nécessairement se solder par un accord ou des engagements contraignants. Les ACP, en revanche, ont toujours vu dans cette phase l'occasion de signer un accord avec l'UE sur des principes généraux et des thèmes communs à l'ensemble des États ACP (tels que les règles d'origine et un mécanisme de règlement des différends), accord qui chapeauterait des traités plus précis négociés au niveau régional.

Cette phase, qui a donné lieu à un rapport[10], a axé ses discussions sur les principaux points suivants :

---

[9] Le Comité des ambassadeurs est le second organe de décision du groupe ACP. Il agit au nom du Conseil des ministres entre deux sessions ministérielles. Sa mission est d'assister le Conseil des ministres dans l'accomplissement de ses fonctions tout en exécutant le mandat qui lui a été confié par ce dernier. D'autre part le Comité des ambassadeurs a pour mission de suivre la mise en œuvre de l'Accord de partenariat ACP-UE en vue de la réalisation des objectifs énoncés.

[10] Voir Secrétariat ACP, *Négociations ACP-CE sur les APE. Rapport conjoint sur la phase « tous ACP »-CE des négociations*, Bruxelles, 2 octobre 2003, *http://acp.int/fr/epa/index.htm*

- identification des principaux objectifs politiques et instruments nécessaires à l'intégration régionale ;

- recensement des questions prioritaires devant faire l'objet de débat ;

- discussion et convenance de la structure et du calendrier des négociations :

- définition des priorités immédiates en matière de recherche et de renforcement des capacités ;

- mise en place des groupes de travail en charge de la coordination des préparatifs à l'échelle régionale ;

- élaboration d'un programme continu de séminaire réunissant les négociateurs régionaux ;

- implication des réseaux régionaux de la société civile.

B - La Phase II ou Phase régionale (2003-2007)

Cette phase mettait face à face l'UE et les six groupes régionaux ACP ci-dessus cités. Bien que les négociations régionales soient totalement indépendantes les unes des autres, elles étaient cependant toutes calquées sur un cadre de négociation similaire en termes de principes et de calendrier. En règle générale, ce cadre se subdivisait en deux parties : la première partie procédait à un état des lieux de l'intégration régionale et visait à la renforcer en abordant la question des entraves techniques aux échanges et des mesures sanitaires et phytosanitaires ; la deuxième partie était consacrée à des négociations de fond sur le contenu du nouvel accord de partenariat.

L'effectivité des négociations a eu lieu avec l'adoption, au cours de l'année 2004, des Feuilles de route entre l'UE et chacune des six régions. Chaque Feuille de route comportait des objectifs particuliers à atteindre dans la région.

La Phase régionale était subdivisée en trois grandes étapes que résume le tableau suivant :

Tableau 2

Contenu des trois principales étapes de la Phase régionale (2002-2007)

Etape	Période	Contenu
Mise en place Mise en place	2002-2003 2002-2003	- Identifier les principaux objectifs, politiques et instruments nécessaires à l'intégration régionale ; - Recenser les questions prioritaires devant faire l'objet d'un débat de fond ; - Discuter et convenir de la structure et du calendrier des négociations pour les 15 mois à venir ; - Définir les priorités immédiates en matière de recherche et de renforcement des capacités ; - Mettre en place des groupes de travail en charge de la coordination des préparatifs des négociations à l'échelle régionale ; - Elaborer un programme continu de séminaires réunissant les négociateurs régionaux ; - Impliquer les réseaux régionaux des organisations non gouvernementales.
		- étudier les données relatives à la production et aux échanges régionaux ; - examiner les questions des droits de douanes et ses conséquences sur les recettes des Etats ; - examiner les cadres

Convergence des approches stratégiques	2004-2005	réglementaires et les politiques régionales ; - définir les priorités en matière d'intégration régionale autour des six groupes régionaux, des questions d'accès au marché pour les produits non agricoles, les normes sanitaires et phytosanitaires (SPS) et obstacles techniques au commerce (OTC), le commerce des services, la facilitation des échanges et l'investissement, les secteurs liés au commerce ; - revoir les structures tarifaires en vigueur
Structuration et de consolidation	2005-2006	- convenir de la structure des APE ; - convenir des résultats des discussions sur les APE et restituer les accords convenus sous forme de projet de texte ; - examiner attentivement les problèmes sensibles en vue de trouver des solutions appropriées ; - poursuivre le renforcement des capacités et le travail de vulgarisation
Finalisation	2006-2007	- mettre la dernière touche à l'ensemble du processus.

Source : Agritrade, *Note de synthèse*, op. cit., p.38.

Pour cette phase régionale, il est apparu que jusqu'en décembre 2007, date butoir fixée par l'UE, les décideurs de plusieurs régions ont remis en question la possibilité d'arriver au bout du processus des APE, comme prévu. Certaines régions ont dû alors officiellement demander à l'UE de prolonger le délai de négociation pour pouvoir couvrir adéquatement tous les domaines de négociation qui demeuraient en suspens. Toutefois certains pays et régions ont pu conclure des accords de transition ou accords intérimaires ou d'étape. En voici la situation au 31 décembre 2010.

Tableau 3

APE intermédiaires : état des lieux au 31 décembre 2007

Région	Pays signataires	Pays non signataires
Afrique de l'Ouest	Côte d'Ivoire Ghana	Bénin, Burkina, Cap Vert, Gambie, Guinée, Guinée Bissau, Libérai, Mali, Mauritanie, Niger, Nigeria, Sénégal, Sierra Leone, Togo
Afrique centrale	Cameroun	Tchad, RCA, Congo, Gabon, Guinée Equatoriale, RDC, Sao Tome et Principe
Afrique Orientale et Australe (AfOA)	Seychelles, Zimbabwe, Maurice, Comores, Madagascar, Burundi, Kenya, Ouganda, Rwanda, Tanzanie	Djibouti, Erythrée, Ethiopie, Malawi, Somalie, Soudan, Zambie
Afrique australe	Botswana, Lesotho, Swaziland, Namibie, Mozambique	Afrique du Sud, Angola
Caraïbes	Antigua, et Barbade, Bahamas, Belize, Dominique, République Dominicaine, Grenade, Guyane, Haïti, Jamaïque, Saint Kits et Nevis,	

	St Lucie, Saint Vincent et Grenade, Surinam, Trinité et Tobago	
Pacifique	Fidji, Papouasie Nouvelle Guinée	Iles Cook, Iles Salomon, Kiribati, Marshall, Micronésie, Nauru, Nioué, Palau, Samoa, Tonga, Timor, Tuvalu, Vanuatu

Source : L. Michel (2008), p. 56.

L'état de la situation montre qu'en dehors des Caraïbes qui ont signé un accord régional complet en 2007, la réticence est restée vivace au sein des autres groupes régionaux. Ainsi jusqu'au 1er janvier 2010, sur les 56 pays négociant un APE avec l'UE, seulement 19 ont paraphé ou signé cet accord (33,9 %) dont 16 africains (84 %) et 3 du Pacifique (16 %). On constate ainsi que 2/3 des pays encore en négociation avec l'Europe n'ont pas encore pris d'engament à signer les APE.

Rappelons qu'en application « à titre provisoire » des APE intérimaires paraphés ou signés, l'UE, à travers le Conseil des ministres, a adopté en décembre 2007, un règlement intitulé « Règlement d'accès au marché (RAM) 1528 » afin de permettre aux pays ACP ayant paraphé ou signé un APE de continuer à bénéficier d'un accès préférentiel sur le marché européen, en attendant que le processus de signature ou de ratification. Le règlement stipulait que les pays devaient signer, ratifier et mettre en œuvre cet accord dans un « délai raisonnable ». En l'état des choses donc, le RAM était un outil temporaire et unilatéral de l'UE visant à éviter une perturbation des échanges commerciaux dans l'attente de la mise en œuvre de l'accord par les pays ACP. Il s'agissait d'une solution temporaire, en vue d'accorder plus de temps pour conclure les négociations, celles-ci ayant continué à une allure beaucoup plus lente que ce que la Commission européenne aurait aimé

C – La Phase III ou Phase d'implantation (2008-2020)

Cette phase correspond à la période au cours de laquelle le régime ancien concernant tous les ACP devrait prendre fin et où les nouvelles dispositions des APE seront progressivement mises en œuvre dans chacune des régions. Il est prévu que les PMA qui ont choisi de ne pas conclure d'APE conservent leurs préférences non réciproques dans le cadre de l'initiative« Tous sauf les armes », alors que les pays ACP non PMA émargent, quant à eux, au SPG de l'UE donc sujets aux droits de douane..

C'est à la fin de cette période, vers 2018-2020, que les APE devraient totalement entrer en application.

III - Le calendrier des négociations

Au sujet des APE, le texte de Cotonou n'est pas en lui-même un accord commercial, mais un « engagement à se mettre d'accord ». Pour cela, un calendrier global a été établit. Il s'étale d'avril 2000, date de l'introduction d'une nouvelle demande de dérogation de l'UE à l'OMC en vue de conserver encore pour sept ans les préférences de Lomé, à l'année 2020 qui correspond au délai de mise en œuvre des APE. Ce calendrier se présente globalement de manière suivante :

Tableau 4

Calendrier global des négociations APE 2000-2020

Date	Négociations	Régime commercial
Avril 2000	L'UE demande aux autres membres de l'OMC une dérogation lui permettant de maintenir les préférences commerciales de Lomé jusqu'en 2008.	Maintien avec 76 pays ACP sans l'Afrique du Sud - des préférences tarifaires non réciproques en vigueur c'est-à-dire le régime de Lomé pour tous les pays ACP
De Juin 2000 à Septembre 2002	Préparation des négociations	
De Septembre 2002 au 31 décembre 2007	Négociations proprement dites des APE entre l'UE et les pays ACP, par groupes régionaux, ou pays par pays avec : - Révision par l'UE de son SGP en 2004 - Analyse par l'UE et les pays ACP des accords prévus « pour s'assurer que le calendrier prévu permet une bonne préparation des négociations » en 2000	
Du 1er janvier 2008 jusqu'en 2018-2020	Mise en place des nouveaux accords de partenariat économique (APE).	o Fin du régime global « tous-ACP » de Lomé. o Les pays ACP signataires d'APE ouvrent progressivement leur marché aux produits de l'UE. o Les PMA qui ont choisi de ne pas conclure d'APE conservent leurs préférences tarifaires non réciproques. o Les non-PMA qui ont

		choisi de ne pas conclure d'APE bénéficient soit du SPG, soit d'un nouveau régime « alternatif » (qui reste encore à définir).
À partir de 2018-2020		Entrée en vigueur des accords de libre-échange entre l'UE et les pays ACP signataires d'APE

Source : ECDPM, *Infokit Cotonou*, Fiche N° 15, p. 2.

Au regard de la situation actuelle, il s'avère malheureusement que ce calendrier n'a pas pu tenir les fruits de la promesse compte tenu des retards accumulés dans le processus de négociation.

IV – Les structures de négociation

Les négociations des APE se déroulent à deux grands niveaux, à savoir le niveau technique et le niveau politique.

A - Au niveau technique

Les négociations se déroulent au sein des Etats ici entre les pays de la région et au niveau conjoint avec la partie européenne.

Au sein des Etats, la négociation se passe entre les diverses composantes de la société (administrations publiques représentées par les ministères techniques compétents dans les matières liées à l'APE, secteur privé, société civile, syndicats, etc.). Elle vise la formulation des positions nationales sur la base des priorités des pays. A ce stade il existe au sein des pays des Comités nationaux de suivi des négociations servant de cadre de discussion. Un Comité national, dénommé Comité de suivi et de coordination des négociations des APE (CNSCN-APE) a été ainsi créé au Cameroun par arrêté N° 061/CAB/PM du 12 juin 2003, revisité le 1er septembre 2005.par celui N° 114/CAB/PM.

Au niveau des régions, la négociation réunit les pays constituant la configuration négociante pour la consolidation des intérêts particuliers des Etats en vue de la formulation des positions régionales à défendre dans la négociation conjointe. Dans la plupart des régions, des Comités régionaux de négociation ont été mis en place avec des experts représentant les pays des régions. Ces Comités régionaux sont présidés par les institutions d'intégration régionale (exemple la CEMAC pour l'Afrique centrale) et sont appuyés par des groupes techniques sur les questions spécifiques. Ils intègrent aussi la société civile.

Au niveau conjoint, les négociations ont lieu entre l'UE et chacune des régions ACP. La structure de négociation est dénommée Comité régional conjoint. Elle sert d'enceinte de négociation technique conjointe où toutes les questions se discutent. Ce comité est aussi appuyé par des groupes techniques. Dans certaines régions (Afrique centrale et Afrique de l'Ouest par exemple), les travaux de ce comité sont validés par les négociateurs en chefs qui sont les hauts fonctionnaires des institutions d'intégration régionale (le président de la Commission de la CEMAC en Afrique centrale, le Commissaire en charge du commerce à la CEDEAO) et le Directeur du commerce de la Commission européenne.

Dans toutes les structures de négociation technique, la société civile est impliquée avec une voix délibérative.

B - Au niveau politique

La configuration des structures de négociation politique varie selon les régions même si les missions sont identiques. En Afrique centrale, il existe ainsi un Comité ministériel et un Comité ministériel conjoint, tandis qu'en Afrique de l'Ouest il existe un Comité ministériel de suivi et un Comité conjoint.

Le Comité ministériel Afrique centrale de suivi des négociations est une instance d'orientation politique et de validation des positions de négociation à défendre par les experts techniques dans les enceintes conjointes. Il est constitué de 16 ministres comprenant les ministres en charge des négociations APE et des ministres ordonnateurs du FED (généralement le ministre de l'Economie) dans les huit pays de la configuration négociante.

En Afrique centrale, le Comité ministériel conjoint réunit tous les 16 ministres du Comité de suivi Afrique centrale et deux Commissaires européens en charge du Commerce et du Développement. Il valide les conclusions des négociations techniques et décident en dernier ressort sur les points de divergence en suspens dans les enceintes techniques. Il signe l'accord. En Afrique de l'Ouest, bien que les missions du comité soit semblables, la composition diffère. Ce comité ne réunit que les présidents de la Commission de la CEDEAO et de l'UEMOA, avec les Commissaires européens au Commerce et au Développement. Les ministres donnent des directives aux Commissaires de l'UEMOA et de la CEDEAO qui discutent à leur tour avec l'UE.

V – L'organisation des négociations en Afrique centrale

Comme le reste des cinq autres régions ACP, l'Afrique centrale négocie depuis août 2002 un APE avec l'UE. Nous nous attardons ici sur la configuration de la région, la structure des négociations et le calendrier des négociations.

A - La configuration négociante de la région

Dans le contexte spécifique de la négociation des APE, la région Afrique centrale regroupe les six pays de la CEMAC (Cameroun, République Centrafricaine, République du Congo, Gabon, Guinée Equatoriale, Tchad) auxquels ont été adjoints la République Démocratique du Congo (RDC) et Sao Tomé et Principe. Il s'agit d'un ensemble de 5,2 millions de km² avec une population d'environ 105 millions d'habitants.

Sur ces huit pays, cinq sont classés PMA, donc en principe pas concernés par la négociation des APE. Il s'agit de la République Centrafricaine, la Guinée Equatoriale, le Tchad, la RDC et Sao Tomé et Principe. Les trois autres pays (Cameroun, Gabon, Congo) sont ainsi les seuls concernés par les APE.

Economiquement, cette région reste peu intégrée en comparaison à ses semblables d'Afrique subsaharienne. Alors que pour la signature de l'APE la zone doit former une union douanière, l'intégration au niveau institutionnel n'est pas achevée. En effet, sur les huit pays faisant partie de la CEEAC, six seulement se sont mis d'accord sur l'établissement d'un Tarif extérieur commun (TEC) dans le cadre de la CEMAC, les deux autres pays, Sao Tomé et Principe et la RDC appliquant encore leur propre tarification. Par ailleurs, la RDC participe à deux autres processus d'intégration régionale, la SADC (Afrique australe) et la COMESA (Afrique de l'Est).

De nombreux obstacles persistent encore pour la libre circulation des personnes et des marchandises en Afrique centrale. Un visa est nécessaire pour l'entrée dans certains pays, y compris pour les titulaires d'un passeport de la région. De même les contrôles informels restent nombreux, et les routes sont peu sûres dans certaines parties de la région.

Le commerce intra régional reste très faible par rapport aux échanges commerciaux avec le reste du monde. Il ne représente en effet qu'entre 2 et 5 % des échanges commerciaux totaux des Etats-membres. Les pays de l'Afrique centrale commercent donc d'abord avec l'extérieur et en premier lieu avec l'UE qui représente 60 % en moyenne de leurs échanges.

B – Le mandat de négociation

Le Conseil des ministres de la CEMAC a, le 11 décembre 2000, donné mandat au Secrétariat exécutif de préparer conjointement avec le Secrétariat général de la CEEAC les futures négociations avec l'UE en vue de la conclusion des APE. Le Conseil a par ailleurs, le 3 août 2002, créé un Comité régional des négociations chargé de préparer et de conclure ces Accords. Conformément aux orientations édictées par le Comité, les négociations devaient s'articuler, notamment autour des objectifs suivants :

- la création progressive, conformément aux règles de l'OMC, d'une zone de libre-échange avec l'UE pendant une période de douze ans à compter du 1er janvier 2008 ;
- la priorité au développement ;
- l'approfondissement du processus d'intégration en Afrique centrale ;
- la coopération dans les domaines liés au commerce ;
- l'amélioration de la compétitivité avec le renforcement de capacités et mise à niveau.

C – La structure des négociations

Pour la conduite des négociations, l'Afrique centrale et l'UE ont convenu, le 16 juillet 2004, de l'élaboration d'une Feuille de route, précisant entre autres le calendrier des négociations et les sujets à traiter. Selon celle-ci, les activités de préparation et de conduite des négociations de l'APE devaient porter principalement sur :

- le marché régional (zone de libre-échange, Tarif extérieur commun, facilitation des échanges) ;
- les normes techniques et sanitaires ;
- les services et investissements ;

- les autres questions liées au commerce : droits de propriété intellectuelle, politique de concurrence, environnement, marchés publics) ;
- le renforcement des capacités.

Les instances de négociation sont composées du Comité ministériel commercial conjoint (niveau politique), du Comité des négociateurs (niveau des hauts fonctionnaires), du Groupe des experts (niveau technique) et la société civile.

Le Comité ministériel commercial conjoint est composé des ministres du Commerce des pays de la région Afrique centrale et de la délégation de l'UE conduite par le Commissaire européen au Commerce. Le Comité supervise les négociations sur le plan politique. Il se réunit en début et fin de chaque phase de négociation.

Le Comité des négociateurs est chargé de conduire les négociations sur le plan technique. Il est présidé par le Secrétaire exécutif de la CEMAC et le Vice-président de la CEEAC. La partie européenne est représentée par le Directeur chargé des relations commerciales avec la région. Il se réunit au moins deux fois par an.

Les Groupes des experts assistent techniquement le Comité des négociateurs. Ils sont co-présidés par les directeurs du Commerce de la CEMAC et de la CEEAC pour l'Afrique centrale. Les experts proviennent des Etats-membres, des secrétariats des institutions régionales et des institutions spécialisées. Pour l'UE, il s'agit de représentants des Directions Générales du Commerce, du Développement ou autres, en fonction des sujets.

A côté de ces structures qui conduisent les négociations, deux autres structures ont été créées, à savoir le Groupe de contact et la Task Force de Préparation Régionale (TFPR).

Le Groupe de contact est composé de représentants des secrétariats exécutifs de la CEMAC et de la CEEAC et de la Commission européenne. Il assure le secrétariat des négociations, le suivi des études d'impact, des échanges de données et de réglementation sur les sujets de négociation.

Quant à la Task Force de Préparation Régionale, elle est composée d'un représentant de l'ordonnateur régional du FED, d'un représentant de chaque ordonnateur national (le ministre de l'Economie pour le Cameroun) et d'un représentant de chacune des Directions générales concernées de la Commission européenne. Son rôle est de faciliter la mise en œuvre des instruments de coopération financière.

Selon la Feuille de route de 2004, l'implication de la *société civile* vise à informer l'ensemble des acteurs non étatiques concernés de l'évolution des négociations et à permettre aux négociateurs des deux parties de prendre connaissance des positions exprimées pour la poursuite des négociations. La participation de ces acteurs dans les comités nationaux de négociation devait permettre de mieux prendre en compte leurs préoccupations dans la définition des positions de négociation de la région Afrique centrale.

Comme relevé plus haut, le Cameroun est le seul pays qui a, à ce jour, signé un APE individuel avec l'UE.

D – Le calendrier des négociations

S'agissant du calendrier des négociations, les deux parties s'étaient convenues, conformément à la Feuille que les négociations se dérouleraient en trois phases :

- De septembre 2004 à juillet 2005 : la période donnait la priorité au processus d'intégration économique et commerciale en Afrique centrale, à la fixation du cadre de référence de l'APE dans ces domaine, à la formulation et le lancement du programme d'amélioration de la compétitivité et du programme de mise à niveau ;
- De septembre 2005 à juillet 2006 : la période était dédiée à l'architecture globale de l'APE et au projet d'Accord

dans les domaines liés au commerce, à l'agriculture, aux questions de développement et à la pêche ;

- De septembre 2006 à fin 2007 : la période était consacrée aux négociations d'accès au marché (marchandises et services) ainsi que la conclusion de l'APE. L'accord devait être signé durant le dernier trimestre de 2007 et les dispositions pour la mise en œuvre à titre provisoire arrêtées par chaque partie à compter du 1er janvier 2008.

VI – L'enlisement post signature des négociations APE et la réaction de l'UE

Il s'agit dans ce paragraphe de résumer l'évolution qui a suivi le paraphe ou la signature des APE complets ou intermédiaires par certaines régions et pays ACP.

A – La montée au créneau et les pressions de l'UE

Au cours de l'année 2011, les négociations des APE étaient généralement arrivées à un point mort : seuls quelques cycles de négociations ont eu lieu mais n'ont produit aucun résultat remarquable. Frustrée par ce manque de progrès dans les négociations, l'UE a décidé de faire monter la pression sur les pays ACP. Le 30 septembre de la même année en effet, la Commission européenne adopta une proposition amendant le Règlement d'accès au marché (RAM) 1528 adopté en décembre 2007 et qui gouvernait l'accès libre au marché européen des pays ACP ayant paraphé ou signé un APE avec l'UE. La proposition d'amendement stipulait que ces pays devaient ratifier et mettre en œuvre les APE à partir du 1er octobre 2014, ou bien ils perdront l'accès libre de droits et de quotas de leurs marchandises au marché européen.

Devant les réactions négatives enregistrées par cette décision auprès des pays ACP, les députés du Parlement européen votèrent, le mercredi 12 septembre 2012, une résolution prolongeant de 2014 à 2016 la date butoir fixée par la Commission européenne. Le Parlement européen suivait ainsi la décision adoptée par sa Commission du commerce le 21 juin 2012[11].

Cependant, le 21 mars 2013, cette commission approuva la date initialement proposée du 1er octobre 2014 pour la conclusion du processus d'APE. Il s'agissait là du résultat du processus du dialogue trilatéral entre la Commission européenne, le Conseil européen (chefs d'Etat et de gouvernement) et le Parlement européen, établi pour rallier un consensus sur l'échéance finale pour la conclusion du processus d'APE, étant donné les opinions divergentes entre le Parlement d'une part, et la Commission et le Conseil, d'autre part. La position de la Commission du commerce international fut formellement approuvée par le Parlement européen en session plénière à la mi-avril 2013, le 1er octobre 2014 constituant alors l'échéance finale officielle pour la conclusion du processus d'APE.

Aux yeux des observateurs, ceci marquait officiellement le début de la fin de partie dans le processus de négociation des APE.

B – Les raisons de la pression européenne

La décision de la Commission européenne d'éliminer du RAM les pays qui ne signeraient pas un APE doit être vue en parallèle avec la proposition de réforme du SGP présentée en mai 2011. Le SPG est un accord commercial par lequel l'UE accorde à des pays et territoires en voie de développement un accès préférentiel au marché de l'UE. Ceci prend la forme de droits de douane réduits pour leurs marchandises lorsqu'elles entrent dans le marché de l'UE. On ne s'attend pas à ce que cet accès soit réciproque et on ne l'exige pas. Il faut cependant

---

[11] Centre Africain pour le Commerce, l'Intégration et le Développement (CACID), « APEs : APE Vote du Parlement Européen en faveur des ACP », Notes et analyses du CACID, Septembre 2012. URL : *http://www.endacacid.org/fr/index.php/mp-axes-strategiques/linformation-et-la-communication-2/ateliers-thematiques/161-ateliers-thematiques/vote-du-parlement-europeen-en-faveur-des-acp/229-apes-ape-vote-du-parlement-europee-en-faveur-des-acp*

noter que ceci représente une augmentation de droits de douane pour les pays ACP, qui bénéficiaient jusque là d'un accès libre de droits au marché de l'UE. L'ancien SGP se terminant à la fin de 2013, le nouveau système devait être mis en place en janvier 2014, exactement au même moment où la Commission avait l'intention d'éliminer des pays ACP de l'annexe du RAM[12].

Comme la proposition de changer le RAM, celle de la Commission européenne pour cette réforme du SGP devait aussi être approuvée par le Conseil et le Parlement européens. Selon les plans de réforme de la Commission européenne, le nombre de pays bénéficiaires du SGP devait être réduit radicalement, ce qui aurait des conséquences négatives pour certains pays africains, comme nous le verrons dans la section ci-dessous. Une des raisons principales de la décision de la Commission de réduire le nombre de pays bénéficiaires était de rendre l'option SGP moins attrayante et de forcer les PVD à signer des accords commerciaux avec l'UE.

Jusqu'à présent, seuls trois pays africains: le Congo-Brazzaville, le Gabon et le Nigeria ont utilisé le schéma SGP de l'UE. Tous trois sont des pays riches en pétrole avec un Produit intérieur brut (PIB) trop élevé pour qu'ils puissent se qualifier pour le programme « Tout sauf les armes » destiné aux PMA. Ces trois pays ont décidé de ne pas signer un APE avec l'UE et se sont retirés temporairement du processus de négociation[13].

C – Les conséquences de la pression européenne

Le RAM de 2007 permettait aux pays ACP de continuer à bénéficier d'un accès libre de droits et de quotas au marché européen. Sur 36 pays concernés à l'année 2011, 18 (14 pays

---

[12] T. Lazzeri, « L'UE veut forcer les pays ACP à signer les APE », *http://www.aefjn.org/index.php/materiel-392/articles/la-commission-europeenne-veut-forcer-les-pays-acp-a-signer-les-ape.html,* Africa EuropeFaith and Justice Network, juin 2012, téléchargé le lundi 11 juin 2012.

[13] Le Nigeria a cependant rejoint les autres pays de la CEDEAO pour finalement signé un APE régional le 10 juillet 2014, ce qui n'est pas toujours le cas du Congo et du Gabon en Afrique centrale.

des Caraïbes, Madagascar, l'île Maurice, les Seychelles et la Papouasie-Nouvelle Guinée) étaient vus comme de « bons élèves » par la Commission européenne, ce qui veut dire qu'ils sont passés par les étapes nécessaires vers la ratification et la mise en œuvre de l'APE. Les 18 autres étaient classés « mauvais élèves » car n'étant pas passés par les étapes nécessaires vers la ratification ou la mise en œuvre de leurs accords respectifs. Il leur revient ainsi de choisir : soit ratifier et appliquer un APE, soit être éliminés du RAM. Parmi les pays cités se trouvaient : le Burundi, le Ghana, le Kenya, la Namibie, le Rwanda, la Tanzanie, l'Ouganda, la Zambie, le Botswana, les Comores, le Cameroun, la Côte d'Ivoire, le Lesotho, le Mozambique, le Swaziland, le Zimbabwe, les îles Fidji et Haïti.

L'impact de l'élimination du RAM serait différent pour les divers pays. Le Burundi, les Comores, Haïti, le Lesotho, le Mozambique, le Rwanda, la Tanzanie, l'Ouganda et la Zambie sont des PMA. Ces pays peuvent bénéficier de l'initiative « Tout sauf les armes », qui prévoit un accès libre de droits et de quotas au marché européen pour les PMA. Par conséquent, ces pays ont peu de soucis à se faire.

Par contre, le Cameroun, les îles Fidji, le Ghana, la Côte d'Ivoire, le Kenya, le Swaziland et le Zimbabwe sont des pays à faible revenu ou à revenu moyen inférieur et ne peuvent pas bénéficier de l'initiative « Tout sauf les armes ». Ils retomberaient dans le schéma du SGP, ce qui veut dire que leurs principales exportations seraient taxées à l'entrée dans le marché européen. Par conséquent, ces pays feraient face à de graves conséquences s'ils ne signaient pas un APE.

Le Botswana et la Namibie se trouvent dans une situation encore plus astucieuse. Ce sont des pays à revenu moyen élevé et, selon la proposition actuelle de réforme du SGP de la Commission européenne, ils ne pourraient plus prétendre au SGP. Par conséquent, ils reviendraient au niveau normal, plus élevé, de droits de douane sur leurs exportations vers l'UE. Selon des estimations pour la Namibie, cela signifie une moyenne de 19,5 % de droits sur ses exportations, ou presque 60 millions d'euros, car l'UE est le principal marché d'exportations de la Namibie en dehors de l'Afrique méridionale et compte pour environ 30% des exportations de la Namibie.

Chapitre 4
Les APE : un sujet hautement controversé

Depuis leur avènement en juin 2000 avec l'Accord de Cotonou, les APE sont au centre d'une vaste controverse qui anime aussi bien les centres de réflexion du Nord que ceux du Sud. En effet, depuis le début de la décennie, jamais sujet n'a été aussi débattu au sein des relations ACP-UE avec pour principal centre d'intérêt le bien fondé de cet accord néolibéral.

Dans le cadre de cet ouvrage, prétendre ainsi faire le tour exhaustif de la controverse autour des APE serait plus qu'illusoire du fait de l'étendu du débat. Nous nous en tenons pour, cela, qu'à la thématique de la disparité des partenaires, aux problèmes d'interprétation des clauses des APE avant de voir comment toutes ces controverses se sont posées au niveau de l'Afrique centrale et du Cameroun.

I - Controverse de par les disparités entre les partenaires

Cette controverse fait notamment ressortir les asymétries et les disparités importantes qui existent entre l'UE et les pays ACP.

A - Disparités en termes de poids économique

Les négociations sur les APE ont lieu entre certains des pays les plus riches de la planète, qui ont un PIB cumulé évalué à près de 14 000 milliards de dollars (Europe des 27), et six petits groupes de pays d'Afrique, des Caraïbes et du Pacifique, qui sont parmi les plus pauvres du monde. Le groupe le plus petit, les Îles du Pacifique, a un PIB cumulé de seulement 9,4 milliards de dollars, soit 1490 fois inférieur à celui de l'UE.

La richesse d'un habitant est en moyenne 50 fois plus élevée dans l'UE que dans les pays ACP, sans compter les inégalités au sein des États ACP[14] (

Tableau 5

Poids économique des différents groupes de négociation

	PNB 2005 (Mds de dollars)	% du PNB de l'UE	Ratio par rapport au PNB de l'UE	PNB/hab. (dollars/ habitant)	Nbre de PMA/Nbre de pays total
Union européenne	13 300	100	1	28 760	0/27
Afrique del'Ouest +Mauritanie	162	1,22	82	627	13/16
Afrique centrale CEMAC+ STP	40	0,30	330	439	4/8
Afrique Orientale et australe	75	0,56	178	306	11/15
SADC	66	0,50	200	835	4/7
Caraïbes	72	0,54	185	2 057	1/16
Pacifique	9	0,07	1 414	2 057	4/14
Total ACP	425	3,20	31	593	37/76

Source : Banque mondiale

Les 79 pays ACP appartiennent aux 122 Etats sur les 192 de la planète situés dans l'hémisphère Sud. Les 122 pays cumulaient une dette extérieure de 2 400 milliards de dollars en 2003, avec un service annuel (intérêts et amortissements) de 395 milliards de dollars. Leurs peuples n'ont pas la même jouissance des droits, libertés et services publics. Les pays ACP

[14]Le PNB moyen d'un habitant de la Caraïbe est de 2 057 dollars contre 306 dollars en Afrique orientale et australe.

sont en général les plus dépourvus et leur situation n'a guère à voir avec des pays émergents encore classés « pays en développement » et qui sont des poids lourds en puissance. Dynamiques et inventifs, ceux-là creusent des sillons de prospérité, bien qu'assez exposés d'ailleurs au creusement des inégalités. Pour tous, il reste instructif de comparer les parts respectives des budgets d'Etat consacrées au service de la dette et aux services sociaux en 2006. Au Kenya, les services sociaux émargent à 12,6 % et le service de la dette à 40 % ; les chiffres sont respectivement de 20,4 % et 33 % au Niger et de 36 % et 4 % au Cameroun.

B - Disparités en termes de commerce

Si l'on examine la nature des relations commerciales entre l'UE et les pays ACP, il est évident que, dans les négociations sur les APE, les pays ACP ont beaucoup plus à perdre que l'UE. En effet, les ACP sont hautement tributaires du marché de l'UE. Ainsi environ 40 % des exportations des pays ACP vont à l'UE et 24% de leurs importations y proviennent. Pour certaines régions, comme l'Afrique centrale, ce pourcentage atteint 60% pour les importations et 52 % pour les exportations, la moyenne étant de 50 % pour l'Afrique de l'Ouest. Dans le même temps, les pays ACP ne constituent qu'une part marginale du commerce extérieur de l'UE avec un pourcentage de 3 % du total, dont 2,9 % des exportations et 3,1 % des importations.

Pour certains pays, ACP la dépendance commerciale vis-à-vis de l'UE est encore plus accentuée voir cruciale quand on considère certains produits, à l'exemple de la banane. Ainsi, Sainte Lucie, la Dominique ou Saint Vincent dans les Caraïbes et le Pacifique dépendent respectivement à 73%, 88 % et 60 % de ce produit pour leurs recettes d'exportation et à environ 33 % pour leur main-d'œuvre nationale. Une dépendance hautement tributaire du marché communautaire. Les Caraïbes exportent 100% de leur production dans l'UE et l'Afrique de l'Ouest 95%. La perte des conditions au sein de la Communauté aurait donc pour ces régions des conséquences économiques, sociales, politiques et commerciales extrêmement dommageables du fait des APE.

C - Disparités en termes de capacité de négociation

L'asymétrie des pouvoirs s'étend également à la capacité de négociation des pays impliqués. En effet, l'UE dispose d'une structure institutionnelle solide (dont le Conseil des ministres et le Parlement européen), d'une bureaucratie riche en ressources à Bruxelles et d'une équipe de négociateurs extrêmement compétents, qui travaillent sous l'autorité de la Direction Générale du Commerce de la Commission européenne. De leur côté, de nombreux groupements de pays ACP n'ont pas de structures effectives en matière de prise de décisions et de fonctionnement. Dans le cas où ce sont les secrétariats régionaux des pays ACP qui mènent les discussions sur les APE (par exemple, la CEMAC pour l'Afrique centrale et la CEDEAO pour l'Afrique de l'Ouest), il est arrivé souvent que les institutions ne disposent pas des ressources techniques et humaines nécessaires pour s'engager de façon effective dans les négociations. Ainsi dans le cas des deux regroupements sus cités, le centre de recherche *South Centre* affirme qu'à cause des ressources limitées en matière de négociation, la rédaction des deux projets d'accords d'APE pour ces régions a dû être assurée par la Commission européenne[15].

En outre, si la Commission négocie au nom des 27 Etats membres, le Conseil européen (chefs d'Etat et de gouvernement) peut intervenir dans le cas d'un désaccord entre la position de la Commission et celle d'un ou de plusieurs Etats-

[15] Selon une source, en effet, lors d'un entretien avec un représentant officiel de la branche commerciale de la Commission européenne, le 19 septembre 2006, on a laissé sous-entendre que les groupes de l'Afrique de occidentale et centrale avaient indiqué qu'ils n'avaient pas les ressources nécessaires pour rédiger le projet d'accords cadres eux-mêmes et préféraient *réagir* à une offre de la CE. Ce type de réaction a été en fait le quotidien des pays africains pendant les négociations.

membres. En revanche, les Etats ACP s'engageaient directement à travers leurs ambassadeurs, ce qui leur laissait donc moins de possibilités de revenir sur les engagements pris par les négociateurs en leur nom[16].

De manière générale, si beaucoup d'éléments ont été pointés du doigt pour expliquer le retard pris dans les négociations, le manque de ressources du côté ACP pour mener à bien les négociations a largement contribué à leur ralentissement. Ainsi en 2006, l'examen à mi-parcours des négociations tel que prévu par l'article 37.4 de l'Accord de Cotonou a mis en exergue le manque net de préparation qui existait dans toutes les sous-régions ACP tant au niveau national que régional. Selon la Fondation indépendante ECDPM, l'évaluation des négociations à mi-parcours révélait que les secrétariats régionaux, les autorités nationales et les acteurs non étatiques des Etats ACP manquaient non seulement de capacité à préparer et mener les négociations, mais également de perception et d'engagement dans celles-ci. Cette étude considérait dès lors que le principal défi pour les Etats ACP était leur manque de capacité pour la conclusion des négociations ainsi que pour la mise en œuvre des APE. L'étude en avait finalement conclu qu'il était peu probable qu'une des quatre régions africaine soit en mesure d'achever les négociations et parvienne à conclure un accord sur les APE avant le 31 décembre 2007 comme prévu.

D – Disparités en termes de droits de douane

Les pays ACP sont plus protecteurs sur leurs marchés que l'UE. En effet, les pays ACP protègent leurs marchés par des droits de douane à hauteur de 20 %. En outre, l'UE exerce des droits de douane équivalents à 4,2 % sur les importations de pays ACP, concentrés sur certains produits. Sans ces produits, les droits de douane baissent à 0,5 % (viandes bovine, riz, végétaux, vins, et certains vins et produits contenant de la

---

16 En effet, dans ce cas, le Conseil peut revenir sur un engagement qu'aurait pris la Commission mais qui ne plairait pas à certains membres.

viande et du lait) et s'appliquent surtout aux importations des pays ACP non PMA ; les PMA bénéficiant du régime préférentiel « Tout sauf les armes »[17]. Ainsi, les droits de douane sont importants dans la formation du revenu national des pays ACP et constituent en moyenne 25 % des revenus des gouvernements africains.

Pour certains analystes, deux raisons majeures expliquent le fait que les droits de douane constituent une source de revenu importante pour les États africains. La première raison est que les droits de douane constituent les seuls instruments de politique agricole et industrielle à la disposition des pays pauvres, qui ne disposent que de faibles ressources pour investir dans ces secteurs clés et sont donc contraints de se contenter de les protéger. La seconde raison avancée est que, compte tenu de leur situation économique et sociale, caractérisée par un nombre élevé de familles d'agriculteurs, dont la seule perspective est d'assurer leur autosubsistance alimentaire, et par la taille considérable du secteur informel, les taxes à l'importation représentent un optimum fiscal et budgétaire pour ces pays. Ainsi, l'abaissement des tarifs douaniers pourrait dès lors induire des ajustements. Ces ajustements seront d'autant plus sévères pour les pays dont l'UE est un partenaire commercial important et pour lesquels les droits de douane restent une composante importante des recettes de l'État, comme l'Afrique subsaharienne.

II – Controverse de par les problèmes d'interprétation

Un aspect récurrent des négociations APE a été et continue d'être celui de l'interprétation de certains thèmes convenus dans les discussions entre les pays ACP et l'UE. Dans le cadre de cet ouvrage, il nous est malheureusement impossible de passer en

[17] Rappelons que depuis 2001, les PMA peuvent bénéficier de l'initiative « Tout sauf les armes » selon laquelle tous les produits couverts par cette initiative exceptés les armes, peuvent entrer sur le marché communautaire en franchise de douane et libre de tout contingentement.

revue tous ces thèmes. Nous nous contenterons de relever les plus saillants pour permettre au lecteur de mieux comprendre les débats en cours.

A - La dimension développement des APE

Dès la signature de l'Accord de Cotonou et le début des négociations, il a été clairement exprimé pour les pays ACP et l'UE, que les APE servent au développement des Etats ACP. Si tout le monde s'accordait à dire que les APE devaient être avant tout un outil de développement, les divergences de vues subsistaient quant aux moyens pratiques visant à intégrer la dimension « développement » dans les APE, ce qui occasionna des tensions et des frustrations entre les parties, ralentissant de la sorte le processus des négociations. Cette divergence profonde sur la question s'expliquait donc par des conceptions distinctes qu'avaient l'UE et les Etats ACP sur la dimension développement contenue dans les APE.

En effet, pour l'UE, l'APE se concevait comme un modèle de développement pour les Etats ACP dans la mesure où il était adapté à la concurrence mondiale et aux contraintes du système commercial multilatéral. L'APE conçu par l'UE reposait ainsi sur une séquence vertueuse se déroulant de la sorte : la libéralisation économique et l'intégration régionale donneraient lieu à des marchés plus grands, permettant ainsi des économies d'échelles. Ceux-ci deviendraient dès lors plus attrayants pour les investisseurs qui opéreraient dans un cadre réglementaire harmonisé et sécurisé. Davantage d'échanges et d'investissements, conduiraient, selon l'UE, à plus de croissance et d'emploi. En outre, l'UE prévoyait au bout du compte une augmentation des flux commerciaux avec les ACP, promouvant ainsi le développement durable des pays ACP tout en contribuant à l'éradication de la pauvreté. Ainsi, cette conception défendue par l'UE, supposait que le développement des pays ACP se réalisait également grâce aux investissements étrangers. Nous observons que pour l'UE, la dimension « développement » des APE était intrinsèquement liée au processus de libéralisation des échanges, considérant ainsi le commerce comme une source de développement économique et de réduction de la pauvreté.

A l'opposé pour les pays ACP, les APE ne devaient pas se limiter à n'être que des instruments commerciaux, se résumant à un pourcentage de lignes tarifaires libéralisées. Comme l'affirme l'ECDPM, si les pays ACP s'accordaient à dire qu'un APE ouvrait des perspectives de développement, de nombreux Etats ACP avaient tendance à considérer la libéralisation des échanges et l'intégration régionale comme des conditions nécessaires, mais loin d'être suffisantes à l'avènement du développement et à l'allègement de la pauvreté.

Les Etats ACP manifestèrent à plusieurs reprises leurs inquiétudes sur la question à travers diverses déclarations du Conseil des ministres ACP. Ainsi, la « Déclaration sur les APE » (Bruxelles, 21-22 juin 2005) fut particulièrement éclairante sur les craintes ressenties par les Etats ACP à l'égard des APE. Le Conseil des ministres se déclarait en effet gravement occupé par le fait que les négociations ne se déroulaient pas d'une manière satisfaisante, la plupart des questions demeurant préoccupant pour les régions ACP, et notamment la dimension « développement » et les priorités en matière d'intégration régionales qui ne furent pas prises en compte dès le départ. Le Conseil demandait ainsi à l'UE « d'adopter une approche non mercantiliste, de mettre l'accent sur le développement et d'en faire une partie intégrante des négociations des APE ».

Pour les Etats ACP, il était nécessaire que leurs économies soient mises en capacité afin de tirer profit de l'élargissement de l'accès aux marchés et de faire face à une concurrence plu forte au niveau interne. Selon les pays ACP, la libéralisation des échanges devait s'accompagner d'un soutien au développement pour la prise en compte des contraintes relatives à l'offre, y compris le renforcement des infrastructures ainsi que des faiblesses institutionnelles et structurelles qui y étaient liées. En outre, il était impératif que l'amplitude du soutien soit à la hauteur de l'ajustement (coûts d'ajustement à l'issue de la libéralisation) pour atteindre les objectifs de développement et les priorités régionales des ACP.

Tableau 6
Positions des parties sur les questions liées au développement

Position des pays ACP	Position de l'UE
Ressources financières	
Les ACP estiment qu'il faudra mobiliser des fonds supplémentaires en recourant à des mécanismes de déboursement plus simples et plus rapides, pour éviter ainsi une réallocation des ressources financières affectées aux programmes prioritaires existants.	Pour l'UE, il n'y a pas lieu de mobiliser des ressources financières supplémentaires tant que les fonds actuels du FED n'auront pas été entièrement utilisés.
Calendrier des programmes d'aide	
Les ACP veulent que l'aide à la restructuration soit disponible et les programmes mis en œuvre avant l'engagement du processus de libéralisation ; les économies ACP seraient ainsi mieux à même de faire face aux enjeux du libre-échange avec l'UE.	Pour l'UE, il faut d'abord des mesures politiques correctrices, qui passent par la mise en œuvre des accords de libre-échange, avant la mise en place de programmes de restructuration ; car ces programmes d'assistance ne seront efficaces que s'il existe un secteur privé dynamique, fonctionnant dans un environnement politico-économique approprié.
Aide à la restructuration économique et fiscale	
Les pays ACP veulent que les questions liées à la restructuration économique et fiscale soient abordées globalement dans le cadre de toute négociation d'accord de libre-échange avec l'UE, dont l'issue devrait être la mise en place des instruments et programmes nécessaires pour aider les pays ACP concernés à relever ces défis.	Pour l'UE, une phase de clarification s'impose avant tout engagement sur les politiques et programmes d'aide nécessaires dans ce domaine. **Source : Agritrade, *Les négociations d'APE généralités : note de synthèse*, novembre 2004, p.28**

B - La demande de ressources additionnelles distinctes du FED

La controverse sur la demande de ressources additionnelles a constitué pendant longtemps, un point d'achoppement dans la négociation des APE. Depuis le début, les pays ACP ont largement insisté sur le fait qu'il était indispensable pour eux, que des ressources additionnelles au FED couvrent non seulement les ajustements relatifs à la libéralisation des échanges, mais servent également à financer la restructuration de leurs économies. Pour les Etats ACP, il s'agissait d'une condition essentielle à la réussite des APE[18].

Cette requête a suscité dès la première phase des négociations une importante pomme de discorde entre les partenaires, l'UE prétextant effectivement que toute question relative au développement devait être réglée dans l'Accord de Cotonou et non au sein des négociations sur les APE. L'UE avait dès lors décidé de l'instauration de Task Forces Régionales où les besoins de coopération et de financement identifiés dans le cadre des négociations des APE devaient faire l'objet d'une discussion par le personnel affecté au développement par les deux parties. Néanmoins, il existait une faiblesse dans le processus décisionnel en matière de commerce et de développement dans la mesure où on laissait les ACP se dépatouiller avec ces problèmes essentiels uniquement dans le cadre des Task Forces Régionales préparatoires qui se tenaient parallèlement aux négociations en empêchant de la sorte les pays ACP de bénéficier de leur pouvoir contraignant[19].

Si cette demande émanant des États ACP avait reçu une fin de non-recevoir de la part de l'Europe, celle-ci devint définitive

---

[18] Pour les Etats ACP, un financement hors FED se justifiait par la complexité et la lenteur de décaissement des fonds issus du FED. En effet, selon Jean-Claude Lefort, le décalage moyen entre le feu vert donné à Bruxelles à un projet d'aide et le décaissement effectif des fonds est de 3 ans.

[19] En effet, le fait que les réunions des Task Forces Régionales se fassent parallèlement aux négociations, impliquent que les États ACP soient dépourvus de leur pouvoir contraignant.

avec l'Accord intervenu à Port Moresby[20] en 2006, sur le montant de l'enveloppe du 10ème FED. Le 10ème FED devait ainsi être doté de 23, 9 milliards d'euros pour la période 2008-2013, marquant comme le précise l'UE, une augmentation significative de 35 % par rapport au montant du 9ème FED (2002-2007)[21]. Cependant, comme le firent remarquer beaucoup d'acteurs, il s'agissait en réalité d'une vraie fausse augmentation du FED[22]. Ainsi la progression du 9ème au 10ème FED a tenu compte du passage d'une période de programmation de cinq ans à six ans, de l'inflation et de l'élargissement de l'UE. En outre, comme le précisait l'ONG Oxfam, « *des estimations montrent que 31,3 milliards d'euros sont nécessaires uniquement pour maintenir un niveau d'aide au développement européenne équivalent (soit 0,38 % des produits nationaux cumulés* ».Un rapport du Parlement français sur les APE[23]conclut avec justesse à ce sujet que « *force est de constater que l'Europe n'augmente pas son aide, mais la maintient seulement, alors même que ses partenaires ACP subiront un choc brutal.* » En effet, selon les estimations, les coûts d'ajustement au libre-échange devaient s'élever à 9,1 milliards d'euros. La fausse augmentation du FED suscitait dès lors la crainte qu'un transfert de catégories ait lieu au sein du FED, les fonds destinés à mettre en œuvre les APE empiétant alors sur l'aide destinée aux programmes de santé, d'éducation et de soutien agricole.

---

20 Grâce à un accord intervenu lors du Conseil européen des 15 et 16 décembre 2005, puis lors du Conseil des ministres UE-ACP de Port Moresby des 1er et 2 juin 2006, le protocole financier pour la coopération entre les deux partenaires a été doté de 23, 966 milliards d'euros pour la période 2008-2013.

21 Le montant du 9ème FED était de 13,8 milliards d'euros.

22 En fait, d'aucun soutenait que le montant alloué au 10ème FED est en réalité inférieur à celui du 9ème FED, si l'on tient compte des fonds des 6ème, 7ème et 8ème enveloppes qui ont été transférés au 9ème FED. Ainsi, l'ECDPM suggère que le montant effectif des ressources à disposition des pays ACP pour la période 2000-2007 s'élevait non pas à 13,5 milliards, mais à 23,6 milliards d'euros, étant donné que les reliquats des contributions des 6ème, 7ème et 8ème enveloppes, à savoir 9,8 milliards d'euros, étaient venus s'ajouter au 9ème FED.

23 Il s'agit du Rapport rédigé par le député Jean-Claude Lefort en 2006.

C - L'interprétation de l'article XXIV du GATT

L'interprétation de l'article XXIV du GATT, sur lequel les nouveaux accords commerciaux doivent se calquer, a été un autre sujet de discorde entre les partenaires, jouant ainsi en défaveur du *timing* des négociations. Comme nous l'expliquions plus haut, l'article XXIV du GATT ne prévoit ni la méthode de quantification, ni la proportion d'échanges qui doivent être libéralisés entre les parties, suscitant de la sorte un problème d'interprétation entre les parties au moment des négociations. Ainsi, pour l'UE, on ne pouvait parler d'« essentiel des échanges »qu'à partir du moment où 90 % de la valeur totale des échanges entre les parties étaient libéralisés[24].

D'autre part, l'UE considère ce taux de 90 % comme une moyenne des échanges entre les partenaires. Néanmoins, dans les faits, une étude réalisée par le Commonwealth a démontré que les accords conclus entre l'UE et ses partenaires couvraient généralement plus de 90 %de leurs échanges et que l'ouverture des frontières était souvent plus importante du côté des partenaires que du côté de l'UE.

Le deuxième élément de l'article XXIV du GATT suscitant une interprétation ambiguë, porte sur la période de transition pour la mise en œuvre d'un accord commercial régional. L'UE estime ainsi que le « délai raisonnable » pour l'établissement d'une aire de libre-échange ne devait pas en principe dépasser dix ans, sauf dans les cas exceptionnels.

Les pays ACP ont indiqué dès le début des négociations qu'ils souhaitaient une révision et une clarification de l'article XXIV dans le cadre du cycle de Doha afin d'y introduire une plus grande flexibilité face aux préoccupations du développement et qu'ils espéraient bénéficier de l'appui de l'UE à l'OMC en ce sens. Ainsi, le 28 avril 2004, le groupe ACP a

---

[24] En 2004, un chef d'unité de l'UE mentionnait les pourcentages suivants d'importations en provenance de l'Europe qui pourraient être libéralisés par les régions ACP : Afrique de l'Ouest, 81 % ; Afrique centrale, 79 % ; Afrique orientale, 80 % ; Afrique australe, 76 % ; Caraïbes, 83 % et pacifique, 67 %.

remis à l'OMC une proposition relative à l'introduction d'aspects de développement et d'un Traitement Spécial et Différencié (TSD) dans l'article XXIV du GATT. La proposition d'introduction d'un TSD portait sur un allongement de la période de transition pour la mise en œuvre des accords de libre-échange (ne devant pas être inférieure à 18 ans), sur l'introduction d'une flexibilité quant à « l'essentiel des échanges[25] » et sur la simplification de procédures pour les PVD en ce qui concerne les règles de procédure pour la notification[26]. La proposition de réforme de l'article XXIV du GATT a également reçu l'appui de la Commission économique pour l'Afrique (CEA) qui considère que les APE doivent prévoir un délai supérieur à 12 ans pour mettre en œuvre la réciprocité. Cependant, selon l'ECPDM, la majorité des membres de l'OMC n'est pas favorable[27] à une révision de l'article XXIV, sans compter le fait qu'un trop grand degré de flexibilité dans un APE risque de voir un membre de l'OMC exaspéré le contester devant l'organe de règlement des différents. En outre, le Groupe ACP espérait que sa proposition soit étudiée pendant le cycle de Doha, qui, malgré la reprise des négociations en février 2007, n'avait toujours pas enregistré d'avancées significatives sur les

---

[25] Les ACP souhaitent effectivement qu'une flexibilité appropriée soit ménagée aux pays en développement pour satisfaire à la prescription de libéralisation totale de « l'essentiel des échanges », pour ce qui est du commerce et des produits visés y compris en ce qui concerne l'application d'une méthode favorable et/ou de niveaux de seuils inférieurs. Pour ce qui est des « autres réglementations commerciales restrictives », les ACP souhaitent que cette expression soit interprétée de manière flexible par les PVD parties afin que des mesures de sauvegarde et autres mesures non tarifaires puissent être appliquées.

[26] Il faut retenir ici que la dernière condition avant de lancer la mise en œuvre d'un APE est que celui- ci doit être notifié à l'OMC au titre de l'article XXIV du GATT de 1994, conformément à la décision de l'OMC du 14 décembre 2006 sur le mécanisme pour la transparence des accords commerciaux régionaux.

[27]En effet, la proposition introduite par le Groupe ACP à l'OMC a reçu un accueil mitigé de la part des membres de l'OMC.

questions litigieuses[28], ce qui a conduit l'UE à conclure des accords intérimaires avec les régions ACP à la date du 31 décembre 2007 avant même que le cycle ne se soit achevé[29].

D – L'accès au marché

Pour l'accès au marché, cinq grandes questions ont été discutées lors de la Phase I des négociations :

- les principes et objectifs fixés pour l'accès au marché des produits non agricoles ;
- les produits concernés par les APE ;
- les périodes de transition nécessaires pour se conformer aux engagements de réduction progressive des droits de douane ;
- la nature des mesures de sauvegarde ;
- les règles d'origine.

Les principales positions sont résumées dans le tableau suivant :

Tableau 7

Position des parties sur la question de l'accès au marché

Position des pays ACP	Position de l'UE
Résultats concernant l'accès au marché	
En matière d'accès au marché, aucun Etat ACP " partie ou non à un APE " ne devrait se retrouver dans une	L'UE n'a fait aucune proposition visant l'élaboration de nouveaux accords commerciaux qui ne soient

[28] Les plus grands désaccords portent sur l'agriculture et les produits industriels. En outre, comme l'explique l'ECDPM, la plupart des figures de proue de l'OMC (y compris parmi les pays en développement) ne voient pas la révision de l'article XXIV comme une priorité à régler, mais plutôt comme une source de problèmes systémiques complexes.

[29] Selon les experts, en effet, il est possible qu'une modification des règles de l'OMC entraîne une nouvelle adaptation du contenu des accords commerciaux signés entre l'UE et les pays ACP. Dans la mesure où les APE doivent immanquablement être compatibles avec les règles de l'OMC, toute modification ayant lieu dans le cadre du cycle de Doha pourrait avoir pour conséquence de modifier le contenu des accords commerciaux entre les partenaires.

situation moins favorable que celle dans laquelle il se trouve actuellement.	pas préjudiciables aux pays ACP non-PMA.
Démantèlement tarifaire	
Les ACP préfèrent qu'un moratoire de cinq ans soit instauré avant la mise en œuvre du démantèlement tarifaire par les pays signataires des APE.	Pour l'UE, un moratoire ne s'impose pas et les secteurs sensibles peuvent faire d'APE " adoucis " là où cela s'avère nécessaire.
Prise en compte des niveaux de développement	
Pour les ACP, le démantèlement progressif des barrières tarifaires devrait tenir compte d'indicateurs de développement prédéfinis satisfaisants.	Pour l'UE, le démantèlement tarifaire devrait intervenir sur la base d'un calendrier clairement défini, et non en fonction des niveaux de développement car c'est incompatible avec les règles de l'OMC.
Règles d'origine	
Les ACP veulent que les règles d'origine tiennent compte de la nature de plus en plus mondialisée des décisions concernant l'approvisionnement en intrants et qui offrent réellement de nouvelles opportunités d'exportation aux producteurs ACP, tout en améliorant la valeur ajoutée des produits ACP transformés.	L'UE veut que les règles d'origine soient harmonisées au sein des différents accords en vigueur et n'est pas en faveur de règles asymétriques pour les pays ACP. Cependant, elle est prête à envisager des règles d'origine mieux adaptées aux besoins des différentes régions.

Source : Agritrade, *Les négociations d'APE généralités : note de synthèse*, novembre 2004, p. 23.

En général, aucun accord n'est intervenu sur une quelconque modification des règles actuelles d'origine pour les produits ACP, afin de prendre en compte la nature de plus en plus mondialisée de l'approvisionnement en intrants, et la nécessité pour les pays ACP d'axer leur développement industriel sur la transformation finale de produits de base importés d'ailleurs. Même si l'UE convient que cette question devrait être discutée de manière plus approfondie par des groupes d'experts compétents en la matière, il faudrait que ces discussions soient menées avec le ferme engagement politique de favoriser de nouvelles opportunités commerciales pour les exportations ACP, encourageant davantage, dans les pays ACP, la transformation des matières premières qui n'en sont pas originaires.

Tableau 8
Engagements des pays ACP pou l'accès au marché de l'UE

APE	Volume d'importations provenant de l'UE libéralisé	Période de mise en œuvre de l'élimination des droits de douane
Caraïbes	87 %	25 ans
Afrique australe	86 %	15 ans
Afrique de l'Est	82 %	25 ans
Cameroun	80 %	15 ans
Comores	80 %	15 ans
Madagascar	80 %	15 ans
Maurice	96 %	15 ans
Seychelles	98 %	15 ans
Zimbabwe	80 %	15 ans
Fidji	81 %	15 ans
Mozambique	81 %	15 ans
Ghana	81 %	15 ans
Cote d'Ivoire	81 %	15 ans
Papouasie	88 %	1er jour de l'entrée en vigueur

Source : Commission européenne

E - Secteurs liés au commerce

L'Accord de Cotonou contient des dispositions relatives à une série de secteurs liés au commerce, dans lesquels l'UE s'engage à aider les pays ACP à renforcer les cadres réglementaires régissant :

- la politique de la concurrence ;
- les droits de propriété intellectuelle ;
- la normalisation et la certification ;
- les normes sanitaires et phytosanitaires ;
- le commerce et l'environnement ;
- les normes de travail ;
- la politique de consommation.

Les points de convergence

Les parties admettent que les secteurs liés au commerce jouent un rôle important dans la fluidité des échanges et la minimisation des coûts de transaction. Elles reconnaissent toutes deux la nécessité d'un cadre réglementaire transparent et clairement défini, mais aussi l'importance de disposer d'institutions efficaces et en bon état de fonctionnement, pour pouvoir élaborer et mettre en œuvre des politiques appropriées dans les secteurs liés au commerce.

Les points de divergence

Sur le front des secteurs liés au commerce, un profond désaccord subsiste quant à l'étendue des questions à discuter dans le cadre des APE. L'UE veut inclure dans les domaines liés au commerce spécifiés dans l'Accord de Cotonou d'autres secteurs tels que les marchés publics et la protection des données. Pour les pays ACP, en revanche, l'urgence consiste essentiellement à acquérir d'abord l'expertise nécessaire avant d'engager des négociations sur des questions aussi complexes. Ils estiment que seuls certains domaines spécifiés dans l'Accord de Cotonou et ayant trait aux secteurs liés au commerce devraient être concernés par les négociations d'APE.

D'autres divergences persistent sur la portée des engagements concernant les secteurs liés au commerce. L'UE préfère une approche qui va « au-delà des engagements pris devant l'OMC », alors que les pays ACP ne veulent pas faire plus que ce que leurs gouvernements accepteraient de faire dans le cadre des accords multilatéraux. Par ailleurs, les parties sont profondément divisées sur le calendrier des programmes d'aide au renforcement des capacités et la négociation des règles régissant les secteurs liés au commerce dans le cadre des APE.

Tableau 9
Position des parties sur les secteurs liés au commerce

Position des pays ACP	Position de l'UE
Liste des secteurs liés au commerce concernés par les APE	
Les ACP estiment que seuls les domaines liés au commerce mentionnés dans l'Accord de Cotonou devraient être concernés par les négociations des APE, et uniquement là où les pays ACP possèdent l'expertise nécessaire.	L'UE veut étendre les secteurs liés au commerce visés dans l'Accord de Cotonou à ceux des marchés publics et de la protection des données.
Portée des négociations sur les secteurs liés au commerce	
Les pays ACP ne veulent aller au-delà des accords conclus par leurs différents gouvernements au niveau multilatéral.	L'UE veut que les négociations sur les secteurs liés au commerce aillent au-delà des engagements pris devant l'OMC (approche dite " OMC plus ").
Calendrier des programmes d'aide et des négociations	
Les pays ACP aimeraient d'abord que soient mis en place des programmes d'aide au renforcement de leurs capacités en faveur du développement du secteur des services ACP, avant d'engager toute négociation d'APE.	L'UE souhaite d'abord qu'un accord intervienne sur les secteurs liés au commerce avant d'élaborer et de mettre en œuvre des programmes spécifiques sur la base de cet accord.

Source : Agritrade, *Les négociations d'APE généralités : note de synthèse*, novembre 2004, p. 32

III – Les alternatives aux APE

La question d'une alternative aux APE s'est posée dès le début des négociations lorsqu'il est apparu que plusieurs pays et régions ACP ne seront pas à mesure de conclure un accord au 31 décembre 2007 conformément à la dérogation obtenue par l'UE auprès de l'OMC.

En 2006, malgré le fait que trois années s'étaient écoulées après le lancement des négociations régionales officielles, l'ardent débat suscité par les APE et les tensions qui accompagnèrent les négociations amenèrent progressivement la société civile et les Etats ACP à envisager des alternatives aux

APE. Cependant, si l'Accord de Cotonou prévoyait la possibilité de dispositifs alternatifs en son article 37.6, l'interprétation de cet article fut sujette à un autre terrain de discorde entre les partenaires aux négociations, y compris la société civile qui fut l'instigateur de nombreuses alternatives proposées. Cet article affirme ainsi qu'« *en 2004, la Communauté examinera la situation des non-PMA qui décident, après consultation avec la Communauté, qu'ils ne sont pas en mesure de négocier des Accords de partenariat économique et elle étudiera toute les alternatives possibles, afin de pourvoir ces pays d'un nouveau cadre commercial qui soit équivalent à leur situation existante et conforme aux règles de l'OMC* ».

En ce qui concerne la recherche d'alternatives, la Commission européenne considérait qu'un large consensus s'était dégagé autour des APE compte tenu du fait que l'Accord de Cotonou avait été le fruit de nombreuses consultations autour de diverses options envisageables pour les nouveaux accords commerciaux. Selon la Commission, en vertu du principe de partenariat égalitaire et de la volonté de ne vouloir imposer aucune solution aux pays ACP, l'article 37.6 avait été rédigé pour ménager une porte de sortie légale aux pays non PMA (les PMA pouvant bénéficier de l'initiative « tout sauf les armes ») qui n'étaient pas en mesure de signer le nouvel accord négocié. En conséquence, les Etats membres de l'UE considéraient qu'ils avaient mandaté la Commission européenne pour négocier des APE et non pour étudier des solutions alternatives. D'après une étude réalisée en 2006 par la Fondation indépendante ECDPM, l'UE estimait que l'article 37.6 ne faisait pas partie du processus de négociation officiel et considérait que hormis le cas où un pays non-PMA demandait que l'on étudie des alternatives parce qu'il n'était pas en mesure de signer un APE, la Commission européenne ne ferait aucun effort ni pour les étudier ni pour en évaluer les tenants et aboutissants économiques. Peter Mandelson, Commissaire européen en charge du Commerce, confirmait cette position en 2007 en affirmant qu'« *aux yeux de Commission européenne, une solution alternative aux APE ne serait jamais qu'un second choix…* ».

Pour les Etats ACP, le plus important était que les APE soient au service du développement. Ils ne considéraient l'option des alternatives que dans la mesure où la question développement ne se concrétiserait pas, surtout au travers des mesures d'accompagnement portant remèdes aux contraintes relatives à l'offre et aux faiblesses institutionnelles Cependant, si les Etats ACP ne considéraient pas le mécanisme visé à l'article 37 al 6 de l'Accord de Cotonou comme obligatoire à priori, l'absence de convergence sur le volet « développement » et le flou qui entourait alors le contenu des APE les poussèrent à considérer plus sérieusement l'étude des alternatives.

Un travail sérieux fut réalisé dans ce sens en 2006 par l'ECDPM[30] avec pour objectif de recenser les scénarii alternatifs aux APE dans la mesure où les parties aux négociations ne parvenaient toujours pas à s'entendre sur des points essentiels (volet développement, interprétation de l'article XXIV du GATT, mesures d'accompagnement) et qu'il pouvait dès lors être utile pour toutes les parties d'envisager ces alternatives. L'ECDPM recensa alors deux grandes familles de scénarii, avec d'une part, les APE alternatifs, qui se devaient d'être conformes à l'article XXIV du GATT, et d'autre part, les alternatives aux APE qui s'écartaient du principe de réciprocité et donc du champ d'application de l'article XXIV. Comme nous l'avons expliqué précédemment, la solution de prédilection des Etats ACP était une révision et une clarification de l'article XXIV du GATT en vue d'une meilleure prise en compte de leur niveau de développement. Cependant, l'ECDPM précise qu'une modification des règles de l'OMC relevait de l'utopie dans la mesure où de nombreux membres de l'OMC étaient plutôt favorables à un statu quo, voire à un renforcement de la discipline OMC en matière d'accords commerciaux régionaux.

[30] Voir Bilal S. et Rampa F., *APE Alternatifs et alternatives aux APE. Scénarios envisageables pour les relations commerciales entre Les ACP et l'UE*, Rapport de travail ECDPM N° 11, Maastricht, 2006.

Cependant, malgré les multiplications demandes émanant de la société civile[31] pour une meilleure prise en compte des accords commerciaux alternatifs, la Commission européenne affirma que l'unique solution alternative à laquelle les pays ACP pouvait s'attendre, était le régime « Tous Sauf les Armes » pour les PMA ainsi que le SPG pour les pays ACP non PMA. Or, le SPG standard est moins avantageux que les préférences commerciales de Cotonou.

Ainsi, depuis le lancement officiel des négociations régionales (en 2003), les divergences de vues ont considérablement ralenti les négociations, poussant les observateurs (Etats ACP et société civile) à considérer plus sérieusement l'option des alternatives. Cependant, si les ACP entrevoyaient les alternatives comme une porte de sortie face à l'impasse dans laquelle les négociations se trouvaient, l'UE, quant à elle, estimait qu'il n'était pas nécessaire d'envisager des alternatives dans la mesure où aucun État ACP ne lui en avait fait expressément la demande. Elle considérait ainsi que l'unique option qui soit compatible avec l'OMC était le SPG standard pour les États ACP non PMA et le régime TSA pour les pays ACP PMA. Dès lors, de nombreux auteurs s'accrochèrent à l'idée que l'examen formel des négociations, tel que prévu par l'article 37.4 de l'Accord de Cotonou[32] permettrait d'apporter des changements à la négociation et de se pencher sur des voies alternatives.

---

[31] En 2004, une campagne intitulée « Mettre un terme aux APE » [Stop EPA] a été lancée par une vaste coalition d'ONG d'Europe et ACP qui considérait que les APE présentaient de nombreux risques et étaient nuisibles au développement. La campagne demandait entre autres, à l'UE de respecter l'engagement auquel elle avait souscrit dans le cadre de l'Accord de Cotonou et de commencer de toute urgence à rechercher avec les pays ACP des alternatives sur la base du principe de non-réciprocité institué dans les SGP et dans le traitement spécial et différencié à l'OMC.

[32] L'Article 37.4 de l'Accord de Cotonou stipule que les parties « *examineront régulièrement l'état d'avancement des préparatifs et des négociations et, en 2006, elles effectueront un examen formel et complet des accords prévus pour tous les pays afin de s'assurer qu'aucun délai supplémentaire n'est nécessaire pour les préparatifs ou les négociations*».

IV – Le cas particulier des controverses en Afrique centrale et au Cameroun

Nous analysons principalement les points d'accord et les points de divergence qui ont sous-tendu et sous-tendent jusqu'à ce jour les négociations.

A - Les points d'accord de la négociation

Ces points sont notamment relatifs à :

- ***L'intégration régionale***

Pour l'UE et l'Afrique centrale, les APE sont clairement présentés comme devant renforcer les initiatives d'intégration régionale existant dans les pays ACP et la sous-région. Le préalable à la signature d'un APE entre l'UE et l'Afrique centrale était, en effet, que cette région constitue une véritable union douanière.

- ***La concurrence des importations européennes***

Les conséquences de cette concurrence constituent jusqu'à ce jour un sujet préoccupant commun entre l'UE et l'Afrique centrale. En effet, l'impact négatif de la suppression des droits de douane sur les importations européennes est sans doute celui qui est le plus mis en avant dans les critiques faites aux APE.

Au niveau national, les risques sont de voir arriver les produits européens moins chers qu'aujourd'hui en plus grand nombre pour répondre à la demande. Cela aurait pour effet de concurrencer les produits locaux, de déstructurer les filières et marchés locaux et d'accroître la dépendance à l'égard des importations.

Au niveau régional également, il se peut que les importations européennes concurrencent des flux intra-régionaux, certains pays préférant importer moins cher des produits européens plutôt que de s'approvisionner chez leurs voisins.

Les produits sensibles, c'est-à-dire ceux qui pourraient souffrir le plus de la concurrence des importations européennes devaient ainsi être identifiés pour être exclus de l'APE. C'est tout l'enjeu de la négociation, d'abord au niveau régional (il faut se mettre d'accord entre tous les pays de l'Afrique centrale pour établir cette liste), puis au niveau bilatéral avec l'UE.

Les pertes de recettes fiscales engendrées par la suppression des tarifs douaniers sur un grand nombre de produits importés de l'UE sont également souvent dénoncées, alors que l'essentiel des recettes fiscales vient de la fiscalité de porte et que l'UE constitue le principal partenaire commercial de l'Afrique centrale.

- ***La compétitivité des exportations***

Les APE ont été définis comme des instruments de développement. Cette dimension développement est clairement rappelée dans la Feuille de route commune. Elle constitue un élément de la négociation au moins aussi important que les deux autres éléments. A ce titre, il s'agit de négocier un certain nombre de mesures d'accompagnement de l'APE, comme le renforcement des capacités humaines et techniques sur le respect des normes sanitaires européennes. Outre le respect des normes, il s'agit aussi d'aider les pays d'Afrique centrale d'être en capacité de répondre aux demandes des acheteurs en termes de calibrage, emballage, dates de livraison et quantités livrées, etc. Ces mesures dites de mise à niveau doivent permettre d'améliorer l'accès des produits de l'Afrique centrale au marché européen, mais aussi d'améliorer la compétitivité des produits face à la concurrence des importations européennes.

B- Les points de divergence

Depuis le début des négociations APE entre l'UE et l'Afrique centrale, les principaux points de divergence portent notamment sur :

- *Le renforcement des capacités et la mise à niveau*

De nombreuses études d'impact ayant mis en exergue les effets négatifs de l'APE pour l'Afrique centrale en termes de déficit de compétitivité et de concurrence face aux produits européens et de perte de recettes douanières, cette région estime que, pour pallier à cet état de chose, le renforcement des capacités et la mise à niveau des économies des Etats-membres constitue une condition minimale à la mise en place de la future zone de libre-échange. A la lumière des dispositions de l'Accord de Cotonou et de la Feuille de route signée en 2004, l'Afrique centrale estime que l'APE devrait prendre en compte, entre autres, les domaines de développement prioritaires ci-après :

- le renforcement des capacités de production et la mise à niveau des entreprises pour permettre aux pays de la région d'accroître leurs exportations vers les marchés internationaux et participer ainsi activement au commerce mondial ;
- le renforcement des capacités du secteur public, notamment par les réformes budgétaires, fiscales et la conception des alternatives possibles pour compenser les pertes de recettes liées à la mise en œuvre de l'APE ;
- le développement des infrastructures de base, y compris l'assistance à la mise en place des laboratoires de contrôle de qualité des produits, en vue d'améliorer l'accès au marché de certains produits confrontés à la réglementation européenne en matière des normes SPS ;
- la promotion des investissements régionaux et étrangers publics et privés pour tirer la croissance économique en mettant en place un mécanisme spécifique de garantie des investissements (Fonds régional de garanti des investissements « FRGI ») ;
- le renforcement des capacités des organisations d'intégration régionale qui devraient jouer pleinement leur rôle central d'harmonisation et de coordination des politiques sectorielles et autres mesures de contrôle de l'application des règles en faveur de l'intégration régionale ;

- la lutte contre la pauvreté par la promotion des mesures sociales et des actions de réduction du taux de chômage, de formation, de reconversion et de préservation de l'emploi à la suite de l'application de l'APE.

Ce point sur le renforcement des capacités et la mise est à l'origine du blocage des négociations de la Phase II en Afrique centrale.

▪ ***Le financement de l'APE***

Ce financement est le corollaire au renforcement des capacités de production et à la mise à niveau des entreprises de la région. L'Afrique centrale estime que les appuis nécessités par la prise en compte des coûts d'ajustement et autres mesures compensatoires liés à la mise en œuvre des APE devront être financés par des ressources spécifiques distinctes des fonds habituellement alloués par la coopération classique ACP-UE (contributions des Etats, Programmes Indicatifs Nationaux (PIN), Programmes Indicatifs Régionaux (PIR), Fonds tous ACP, Fonds FED)[33]. Pour cette région, l'APE devra bénéficier des financements spécifiques de ceux prévus par l'Accord de Cotonou, à la mesure où il couvre de nouveaux champs de partenariat non pris en compte dans l'Accord de Cotonou.

En revanche pour la partie européenne, l'APE devra être financé par les instruments classiques de financement prévus par l'Accord de Cotonou. L'UE a toujours soutenu que le 10ème FED (2008-2013) devra financer les APE, estimant que ceux-ci n'auront pas d'effets dommageables sur les économies des régions impliquées dans les négociations. Pour elle, ce financement devait être octroyé dans le cadre de l'aide au commerce et non dans le renforcement des capacités et la mise à niveau.

[33] Les PIN et les PIR sont des documents qui indiquent les priorités choisies par chaque pays (PIN) ou chaque région (PIR) pour l'utilisation des fonds alloués par l'UE. Ils sont généralement arrêtés tous les cinq ans dans le cadre de chaque FED. Ainsi en est-il du FED X qui couvre la période 2008-2013.

L'Afrique centrale juge cette position contradictoire avec le contenu de la Feuille de route adoptée au début de la négociation.

- ***La dimension politique de l'APE***

Dans l'Accord de Cotonou, la dimension politique correspond aux articles 96 et 97 qui prévoient des sanctions politiques (suspension de la coopération) vis-à-vis des pays et des populations ACP. L'UE estime en effet que si un pays n'a pas rempli ses obligations au titre du respect des droits de l'homme, des principes démocratiques (mauvaises élections) ou de l'Etat de droit (coup d'Etat), tous les pays partis de l'Accord partageront collectivement et solidairement la sanction.

Pour l'Afrique centrale par contre, cette dimension politique étant déjà présente dans Cotonou, il ne conviendrait plus de la réaffirmer dans l'APE. Car cette disposition a eu des conséquences pas toujours heureuses pour un certain nombre de pays, dont les populations ont injustement été sanctionnées avec des effets collatéraux sur les pays voisins. Pour cette région, l'APE a été conçu pour compléter les insuffisances de l'Accord de Cotonou dans son volet « économique et social ». De ce fait, l'APE ne devrait pas reprendre des dispositions politiques de l'Accord de Cotonou qui revêt un caractère abusif ou subjectif.

- ***L'interprétation de l'article XXIV du GATT***

Cet article énonce que les parties à un Accord de commerce régional (ACR) doivent libéraliser « l'essentiel des échanges ». Si les deux parties sont d'accord pour libéraliser certains secteurs, l'Afrique centrale estime qu'elle devra préserver les secteurs dits sensibles. Ainsi, l'interprétation de la notion « essentiel des échanges » ne fait pas l'unanimité : pour l'UE, elle signifie 90 % des échanges tandis que pour l'Afrique centrale, elle signifie entre 51 % et 60 %. L'Afrique centrale estime qu'elle ne pourra s'ouvrir à la concurrence près de 90 % des échanges avec un partenaire comme l'UE, au risque de voir disparaître à jamais des pans entiers de son économie et tout le tissu industriel naissant.

De même, l'article XXIV prévoit une période transitoire pour permettre aux économies sous régionales de s'adapter à la l'ouverture au marché européen. Pour l'UE, cette période serait de 10 à 12 ans tandis que l'Afrique centrale la voudrait de 25 à 30 ans, donc plus longue pour permettre une meilleure adaptation et pour tenir compte de la situation exceptionnellement fragile des pays de la sous-région.

▪ ***La libre circulation des ressortissants de l'Afrique centrale***

Etant donné que la zone de libre-échange visera la libre circulation des biens et des services et que la circulation des services nécessitent le déplacement de leurs prestataires, l'Afrique centrale voudrait que inclure dans l'APE des dispositions qui garantissent et facilitent le déplacement des ressortissants de l'Afrique centrale vers l'UE, y compris la mise en place d'un « Visa APE » négocié comme le « Visa Schengen ». Ledit visa pourrait inclure les opérateurs économique, les étudiants et stagiaires ainsi que les fonctionnaires qui se déplacent pour une durée limitée dans le temps.

La Commission européenne estime pour sa part qu'elle n'a pas reçu un mandat de négocier cette question qui relèverait de la seule politique d'immigration des Etats-membres.

Tableau 10

Les points de divergences majeurs en Afrique

Région	Points de divergence majeurs
Afrique de l'Ouest	• Interprétation de l'Art .XXIV du Gatt (offre d'accès au marché) ; • Clause NPF; • Taxes régionales ; • Clause de non exécution; • Financement du programme développement (compromis sur le texte mais le protocole est encore en négociation)

Afrique Centrale	• Offre d'accès au marché • NPF; • Taxes régionales • Non exécution • Mesures d'accompagnement
Afrique Orientale et Australe	• Accès au marché • NPF • Taxes à l'export • Financement des programmes développement • Offre d'accès (Angola en particulier) • Règles d'origine • Statut des services/investissement • Définition des parties • Mesures de sauvegarde
Afrique Orientale	• Offre d'accès au marché; • Taxes à l'exportation • Mesures d'accompagnement

Source : C. T. Dieye, *Le point sur les négociations dans les régions africaines*, Communication au Dialogue sur les APE et les pêcheries, Mombassa (Kenya), 9-10 février 2010, p. 12-13.

C – Les principaux points de blocage de la négociation

Couplés aux points de divergence ci-dessus énumérés, les points de blocage constituent les principaux repères qui ont retardé l'évolution des négociations en Afrique centrale de leur entame en 2003 jusqu'à la publication par la Commission européenne, en septembre 2011, de la proposition d'amendement du RAM qui fixe à octobre 2014 l'obligation pour tous les pays ACP de conclure un APE avec l'UE. Nous distinguerons pour cela deux grands points de blocage : (1) les points liés à la structure des négociations et (2) les points liés au contexte international de la période des négociations.

1) Les points liés à la structure des négociations

Ceux-ci concernent d'une part l'asymétrie du pouvoir de négociation et l'hétérogénéité économique de la région d'autre part.

• ***L'asymétrie du pouvoir de négociation***

Comme nous le verrons plus loin avec l'ensemble des pays ACP, cette asymétrie est plurielle entre l'UE et l'Afrique centrale car à la fois économique, politique, idéologique, scientifique, etc. Nous nous intéresserons uniquement aux deux premiers degrés de cette asymétrie à savoir l'asymétrie économique et l'asymétrie politique. L'asymétrie économique met ainsi en scène deux entités au poids diamétralement opposé. Il y a d'un côté l'Afrique centrale, région sous industrialisée, d'une grande diversité de taille, de densité et de profil économique, dont la majorité des pays sont classés PMA ou à faible développement humain (Tchad et RCA) avec un PNB total de 40 milliards de dollars (0,30 % de l'UE et l'un des plus faibles des pays ACP). Et de l'autre côté, l'UE, première puissance du monde avec un PNB de 13 000 milliards de dollars (données de 2005), un PIB de 27 772 milliards d'euros (2010) et 20 % du volume total des exportations et importations mondiales.

Sur le plan politique, en plus de l'instabilité de la plupart des pays de l'Afrique centrale qui affecte d'autres sous-régions[34], l'asymétrie avec l'UE peut se mesurer à partir de deux variables : l'état d'intégration de la zone et la capacité institutionnelle des organes en charge des négociations de chacune des parties. Nous avons déjà évoqué dans les paragraphes précédents l'état général de l'intégration en Afrique centrale qui reste morose à côté d'une UE qui vient de se voir attribuer un prix Nobel de la paix en 2012 en reconnaissance de ses efforts pour construire un continent politiquement stable. Et malgré les difficultés que rencontre cette organisation en ce moment, elle reste et demeure le modèle d'intégration économique et politique le plus accompli avec un niveau d'échange intracommunautaire très élevé et des institutions fortes et crédibles.

---

[34] Entre 2000 et 2010, trois des huit pays de la configuration négociante APE de l'Afrique centrale étaient en situation de conflit ouvert ou latent.

A l'observation, on constate que cette asymétrie économique et politique a eu un impact sur les négociations entre l'UE et la sous-région, dont le processus est piloté de bout en bout par la partie européenne avec de nombreux atermoiements du côté de l'Afrique centrale consciente du rapport de force en sa défaveur.

- ***L'hétérogénéité économique de la région***

Celle-ci concerne d'abord la non cohérence entre l'espace de négociation et l'espace d'intégration. En effet, la disposition de l'article 37.5 de l'Accord de Cotonou selon laquelle « *les négociations des accords de partenariat économique seront engagées (...) en tenant comte du processus d'intégration régionale entre les Etats ACP* » posait la condition pour les APE régionaux qu'ils soient conclus avec des zones commerciaux effectives, c'est-à-dire soit des zones de libre-échange, soit des unions douanières. Or, il apparaît clairement que cette condition n'a pas été remplie en Afrique centrale. La configuration régionale des négociations ici ne correspond ni à la CEMAC et encore moins à la CEEAC. En effet, comme relevé plus haut, si les huit pays formant la configuration négociante de l'APE en Afrique centrale font partie de la CEEAC, seulement six d'entre eux se sont mis d'accord sur l'établissement d'un Tarif Extérieur Commun (TEC) dans le cadre de la CEMAC. Les deux pays restants (Sao Tome et Principe et la RDC) ont rejoint le groupe de négociation plus tard et ne dispose pas du même TEC que la CEMAC. D'où un temps d'adaptation qui a considérablement freiné les négociations.

D'un autre côté, l'hétérogénéité économique de la région a bloqué les négociations en raison du timide engagement de certains pays de l'Afrique de centrale. Ceci est lié à la principale base juridique des APE (articles 36 et suivants de l'Accord de Cotonou) qui contient des éléments congénitaux qui ont rendu difficile, voire impossible, la conclusion d'un APE régional. Outre que cet accord prévoit la possibilité pour chaque pays de signer individuellement ces accords (article

37.5), nous pouvons citer la possibilité pour les PMA de bénéficier d'une entrée en franchise de droits sur le marché européen de l'essentiel de leurs produits (article 37.9) même en cas de non signature d'un APE en vertu de l'initiative « Tous sauf les armes » acquis en 2001. Cette situation constitue depuis le début un facteur crucial de blocage des négociations en Afrique centrale avec ses cinq PMA (Tchad, RCA, RDC, Sao Tome, Guinée Equatoriale), ses trois non-PMA (Cameroun, Congo, Gabon) et un pays signataire depuis janvier 2009 (Cameroun).

2) Les points liés au contexte international de la période des négociations

Ces points sont relatifs au contexte régional de l'Afrique centrale et au contexte international ou multilatéral.

- ***Le contexte régional***

Ce contexte tient à la fois aux réformes institutionnelles dans la CEMAC, la signature par le Cameroun d'un accord d'étape et à la volonté des pays de l'Afrique centrale de diversifier leurs partenaires. S'agissant des réformes institutionnelles dans la CEMAC, relevons que le lancement des négociations APE est intervenu à un moment où la CEMAC connaissait des transformations structurelles importantes. Comme relevé plus haut, la Commission de la CEMAC est le négociateur en chef des négociations en Afrique centrale, Commission qui succédait au Secrétariat exécutif dans le traité révisé de la CEMAC du 25 juin 2008, lequel a été signé à l'issue des profondes réformes institutionnelles engagées par l'organisation au début des années 2000. La réorganisation institutionnelle entamée en 2007 et en grande partie conduite en 2009 aura ainsi causé des retards dans le calendrier de la négociation des APE. Ce réaménagement a, par exemple, consisté en des changements de personnel au niveau du Secrétariat de la CEMAC, ce qui fait qu'entre février 2009 et janvier 2010, aucune réunion conjointe de négociation n'a eu lieu.

En second lieu, il est ressorti que le paraphe, puis la signature par le Cameroun d'un accord d'étape en décembre 2007 et janvier 2009 ont constitué un grand frein à la poursuite des négociations en Afrique centrale, les autres pays, notamment le Congo et le Gabon principalement concernés, n'ayant pas accepté cette « trahison » au moment où il était attendu un accord régional. On a ainsi vu les officiels de ces pays bouder certaines rencontres importantes relatives aux APE.

Quant à la volonté des pays de l'Afrique centrale de diversifier leurs partenaires, elle est liée à la montée en puissance des pays émergents tels que la Chine, l'Inde et le Brésil auxquels il faut ajouter les Etats-Unis. L'émergence de ces pays qui commercent de plus en plus avec les pays ACP et ceux de l'Afrique centrale[35] diminue pour ces derniers les risques d'une non-signature d'un APE avec leur partenaire traditionnel qu'est l'UE en difficultés économiques. Les pays de l'Afrique centrale voient en ces pays émergents une possibilité de diversification de leurs partenaires commerciaux pour ne plus être soumis au diktat d'un partenaire unique. C'est pourquoi, pour conserver ce privilège, ces pays ont rejeté l'inclusion de la clause NPF dans le texte de l'APE.

- ***Le contexte international ou multilatéral***

Ce contexte a retardé les négociations dans la perspective de la réforme du SPG européen et l'influence du cycle de

---

[35] En 2009, la Chine est devenue le principal partenaire commercial de l'Afrique devant les Etats-Unis avec un chiffre estimé à 102,6 milliards de dollars, soit près du double des 55,5 milliards de 2006. Les échanges sino-africains se sont accrus de 29 % à 39 % au cours de la décennie 200-2010. En mai 2011, l'Inde a organisé son second Sommet Inde-Afrique à Addis-Abeba. De même, six des huit pays de l'Afrique centrale bénéficient pour une part importante de leurs exportations, d'un accès préférentiel et non réciproque au marché des Etats-Unis dans le cadre de l'AGOA.

négociation de Doha sur les négociations de l'APE. S'agissant de la réforme du SPG européen, elle émanait d'une décision de la Commission européenne en 2004 afin de mieux répondre aux objectifs du système. Le nouveau système, qui devait entrer en vigueur en 2005 et s'appliquer jusqu'au 31 décembre 2008, comprenait trois régimes préférentiels distincts (Général, SPG+ et « Tous sauf les armes » pour les PMA)[36]. Les pays de l'Afrique centrale sont répartis dans deux de ces trois régimes à savoir les PMA (RCA, RDC, Guinée Equatoriale, Tchad, Sao Tome et Principe) et les pays relevant du régime général (Cameroun, Congo, Gabon). Tous ces pays voyaient donc en cette révision du SPG et surtout en son amélioration une alternative aux APE. Ceci pourrait expliquer le fait que chacun d'entre eux ait hésité et hésite encore aujourd'hui à s'engager dans la négociation des APE.

L'influence du cycle de négociation OMC de Doha[37] sur les négociations APE tient au fait que lors de la signature de l'Accord de Cotonou, il était supposé que le cycle de Doha serait achevé avant la conclusion des négociations sur les APE. Il y avait donc interdépendance entre ces deux négociations. Les

---

[36] Le régime général était applicable à tous les PVD, mais avec des préférences tarifaires différentes en fonction de la sensibilité du produit ; le SPG+ offrait un accès en franchise de droits aux pays qui mettent en application 27 Conventions internationales relatives aux droits humains, au droit du travail, à la protection de l'environnement et à la bonne gouvernance ; l'initiative « Tous sauf les armes », nous l'avons vu, offre aux PMA un accès en franchise de droits et sans contingents au marché de l'UE à tous les produits sauf les armes. Sur ce SPG européen.

[37] Le cycle de négociations commerciales de Doha fait suite à l'échec de la Conférence ministérielle de Seattle en 1999. Réunis à Doha au Qatar du 9 au 14 novembre 2001, les ministres du Commerce des pays membres de l'OMC adoptèrent la Déclaration de Doha qui esquissait le cadre vaste d'un ensemble de nouvelles discussions multilatérales. Cette Déclaration était animée d'une ambition noble qui promettait de corriger les déséquilibres créés par les cycles précédents. Les pays de l'OMC avaient pris conscience de l'impératif de réduire la pauvreté dans les pays en développement. Pour que ce but soit atteint, il était important de donner à ces pays des occasions de commercer et l'aide nécessaire pour les saisir. Il était dons logique que le cycle de Doha soit baptisé « cycle du développement ».

négociations de Doha devaient en principe s'achever en 2005. Ceci donnait suffisamment de temps aux pays ACP et à l'UE d'intégrer ses résultats dans les négociations des APE qui, initialement, devaient s'achever en 2007. Mais la suspension du cycle de Doha de juillet 2006 à février 2007 a bloqué la conclusion des APE en 2007 et les difficultés de ce cycle ont engendré des incertitudes quant à la conclusion des négociations APE. On comprend dès lors la difficulté des pays de l'Afrique centrale de mener en parallèle deux processus de négociation commerciale qui se chevauchent. La complexité des sujets négociés, les modalités de négociation et le temps réduit de négociation posent des difficultés considérables à l'ensemble des pays de l'Afrique dont les capacités pour suivre efficacement ces négociations sont sévèrement limitées. En effet, les pays de la sous-région ne disposent pas de ressources (humaines et financières) capables de suivre deux négociations qui nécessitent d'importants moyens.

Chapitre 5

Les APE : un accord aux multiples enjeux

Beaucoup d'enjeux tournent autour des APE et continuent d'en faire un sujet très débattu ; il en ai ainsi de la nature des négociations, leur adossement au calendrier commercial international, leur faisabilité et leur impact dans les pays ACP. C'est pour essayer de mieux saisir ces enjeux que ce chapitre s'appuie sur les cas de l'Afrique centrale et du Cameroun.

I – Les APE : une négociation pas comme les autres

Avec les APE, les ACP font donc face, pour la première fois, à une négociation commerciale avec l'UE. C'est, toutefois, une négociation d'un genre particulier :

- les ACP qui négocient ne le font pas pour obtenir des concessions, mais soit pour ne pas perdre ce qu'ils ont déjà, soit pour ne pas risquer d'éventuelles sanctions sur le plan de l'appui financier ;
- les pays ACP négocient dans des limites très strictes posées par l'OMC (qui réglemente la nature d'éventuels APE) et par l'UE elle même (qui limite leurs options de négociation) ;
- beaucoup de facteurs encore incertains, et sur lesquels les ACP n'ont pas toujours prise, déterminent l'intérêt de négocier ou non avec l'UE et sous quelle forme. Et ce d'autant plus que les ACP mènent de toute façon d'autres négociations commerciales au niveau de leurs propres régions et au niveau de l'OMC.

Pour les ACP, l'enjeu premier des négociations est donc interne : identifier les intérêts commerciaux, aux niveaux national et régional, dans le cadre de stratégies de développement durable, pour ensuite décider de leurs stratégies de négociation dans les différentes enceintes. L'agenda commercial « post Cotonou » est un des éléments qui poussent les ACP à adopter une attitude active pour maîtriser leur intégration dans une économie mondiale de plus en plus libéralisée.

En fait, les obstacles qui se sont accumulés sur le parcours de la négociation et de la signature des APE ont conduit la Commission européenne à penser que la cause principale résidait dans un défaut de pédagogie dans la présentation des bienfaits des APE. Elle en a ainsi tiré les conséquences et modifié sa communication. Les résultats n'ont cependant pas été spectaculaires, et les quelques accords intérimaires signés entre temps doivent davantage à la crainte de certains pays d'affronter la concurrence des pays émergents sur de nombreux produits dans le cadre du SPG et peut-être un peu à la mobilisation de l'opinion. En réalité, ces négociations entre l'UE et ses partenaires ACP sont les premières du genre :

- elles concernent le commerce et non le développement ;
- elles obéissent à des contraintes de conformité extérieures aux strictes relations ACP-UE ;
- elles se déroulent selon un schéma inhabituel pour les ACP (étapes, répartition des volets de rédaction, mobilisation d'expertise et de contre-expertise sur des sujets de grande diversité...) ;
- elles sont conduites par une direction de la Commission européenne, la Direction Générale du Commerce (DG Commerce), qui n'a pas pour champ de compétence thématique le développement, ni pour catégorie géopolitique familière les ACP en tant que groupe.

Il en découle un nécessaire ajustement en termes psychologiques et de culture diplomatique, de part et d'autre :

- des ACP, plus exposés à la pression nationale et régionale de populations lourdement frappées par les faibles performances économiques, particulièrement dans l'agriculture, et qui continuent à poursuivre le développement, fût-ce par le mauvais chemin de filières d'exportation soutenues ;
- de la Commission, confrontée au calendrier et aux règles de l'OMC, dont par ailleurs elle fait une interprétation maximaliste.

Les ACP sont accoutumés à l'importance réservée aux dispositifs d'accompagnement, autour des mécanismes d'intervention et de soutien. La Commission, en particulier sa DG Commerce, est plus rompue aux considérations techniques, parfois très pointues, pour garantir une concurrence loyale et non faussée.

II – Les APE : un accord intimement lié au calendrier commercial international

Quoi qu'on dise, les APE demeurent un accord essentiellement adossé à l'agenda commercial international de par ses liens avec l'OMC. En effet, lorsque l'on connaît la prégnance du droit de l'OMC dans les relations commerciales internationales, on peut mieux saisir qu'avec les APE, ce n'est pas tant l'UE que l'OMC qu'il faut convaincre de la mise en œuvre de règles plus claires et efficaces au profit des pays en développement en général et ACP en particulier. Car si ces pays bénéficient d'un régime plus favorable au sein de l'OMC, ce régime pose des problèmes d'efficacité. Le cycle de négociation de Doha avait pour ambition d'apporter beaucoup plus de clarté et d'efficacité dans ce régime. Mais ses difficultés et ses errements ont souligné l'incapacité de prendre en compte les questions de développement.

Ainsi, les retards dans les négociations commerciales à l'OMC ont également des conséquences pour les APE. Lors de la signature de l'Accord de Cotonou, il était supposé que le cycle de Doha serait achevé avant la conclusion des négociations sur les APE. C'est pourquoi les pays ACP y trouvent à juste titre une bonne raison de différer la signature, compte tenu de l'incertitude quant à l'incidence considérable de nouveaux accords commerciaux multilatéraux.

Ce que l'Europe a mis sur la table six ans après avoir entamé les discussions non seulement n'a pas atteint son but (si ce n'est celui de la compatibilité), mais est de nature à le compromettre dans certains domaines. Plusieurs mois après la signature des APE, des débats passionnés se poursuivent sur les avantages et les inconvénients des accords. Rencontrer des positions aussi diverses lors des négociations sur les APE n'est pas nouveau, mais jamais auparavant, dans les relations entre l'UE et les ACP, une mesure présentée comme un mécanisme visant à rehausser l'accès au marché de l'UE et à renforcer la coopération au développement entre l'UE et les ACP n'est devenue aussi controversée et aussi conflictuelle.

Aussi diverses organisations en Europe et en Afrique soulignent-elles les contradictions entre l'objectif général de l'Accord de Cotonou (l'éradication de la pauvreté) et les APE, et militent pour l'abandon des négociations. Plus largement, les organisations de la société civile et les dirigeants politiques critiquent le processus de négociation pour son manque de transparence et pour l'insuffisance de la participation et du débat public.

Bien que les pays ACP soient formellement engagés depuis 2002, le processus n'a commencé à prendre une ampleur considérable qu'à la fin de l'année 2007. Un tel mouvement a été stimulé par l'expiration imminente de la dérogation de l'OMC en faveur des préférences de Cotonou.

Pour l'UE, c'était « l'offre la plus généreuse jamais faite dans des accords commerciaux régionaux (ACR) ». Le Commissaire européen au commerce Peter Mandelson, s'adressant aux membres du Parlement européen, le 17 avril 2008, réaffirmait en effet que « *toute renégociation des APE paraphés avec les pays ACP serait une catastrophe* », et que « *dans le contexte des négociations en vue d'un APE complet, toute question [pouvait] défaire tout ce qui a été accompli* ».

Par ailleurs, une lecture stratégique des positions défendues par l'UE dans le cadre des APE montre que les objectifs poursuivis sont : (i) le maintien de l'accès aux ressources (matières premières agricoles et minières) et (ii) le maintien du marché africain comme débouché pour les produits manufacturés européens. Les statistiques sur les échanges de marchandises et les flux de capitaux entre l'UE et les pays ACP semblent bien l'illustrer. En effet, les produits primaires constituent encore à 72% les exportations des pays ACP vers l'UE qui les approvisionnent à 75 % en produits manufacturés (données de 2005).

D'autre part, notons que l'Afrique est devenue un champ de bataille commercial entre l'UE et les pays émergents tels que la Chine, l'Inde, le Brésil et la Turquie. Les parts de marchés de ces pays sur le continent augmentent de même qu'au niveau mondial. Si l'Afrique ne représente que 3 % des exportations totales de la Chine vers le monde et 3,7 % de ses importations, relevons que ce pays a détrôné l'Allemagne de la place de premier fournisseur du continent en 2005.

III – La faisabilité des APE

Cette faisabilité a été évoquée au début des négociations au regard de certaines contraintes observées dans les pays ACP. Ont été évoquées à ce sujet, la faisabilité technique et la faisabilité politique.

A - La faisabilité technique

Plusieurs préalables sont nécessaires jusqu'à ce jour pour permettre la négociation, puis la mise en place des APE. Sont ainsi à relever :

- Les progrès de l'intégration régionale

La participation des ACP, en tant que groupements régionaux, aux accords de libre-échange (ALE) du genre APE dépend des progrès de l'intégration régionale qui seront effectués dans le temps prévu par les négociations. Pour pouvoir signer un ALE avec l'UE, un groupement régional doit ainsi être une zone commerciale effective, c'est-à-dire soit une zone de libre-échange (ZLE), soit une union douanière (une ZLE avec un Tarif extérieur commun). Hormis la SADC (Afrique australe) très peu de régions ACP en sont à ce stade.

- Les capacités de négociation des pays ACP

Comme relevé plus haut, depuis le début des négociations APE, un constat s'opère quant à la faible capacité de négociation commerciale des pays ACP.

B - La faisabilité politique

Au regard de la multitude de difficultés posées par la négociation des APE, il est toujours ressorti qu'il faudra une volonté politique forte, à la fois du côté européen et du côté ACP, pour les mettre en place. Sur quels soutiens ces derniers peuvent-ils compter de part et d'autre ?

Les ACP ont accepté à Cotonou le principe de la réciprocité, mais avec réticence. D'un point de vue pragmatique, ils avaient le choix entre différentes options :

1. de privilégier les liens politiques avec l'UE et ses États-membres plutôt que la souveraineté en matière de politique commerciale ;
2. de craindre qu'un refus du partenariat économique proposé par l'UE n'entraîne des sanctions indirectes (moins d'aide) ;
3. d'accepter la réciprocité dans l'espoir de faciliter la préservation d'autres privilèges (comme les bénéfices des protocoles produits), un calcul particulièrement payant pour les pays qui commercent très peu par ailleurs avec l'Europe (Caraïbes, Pacifique).

Mais le consensus du groupe ACP à Cotonou sur un « pragmatisme fataliste » (accepter la réciprocité) devait se transformer au fil des négociations : d'abord, au niveau du groupe ACP où l'étude des options offertes aux uns et aux autres a fragmenté la position commune en différentes positions nationales ou régionales. Ensuite, les différents acteurs ACP dont les intérêts sont en jeu, notamment le secteur privé (producteurs, exportateurs, etc.) et la société civile (consommateurs, syndicats, ONG, etc.), ont entrepris d'influencer la position de leurs gouvernements, aux niveaux national, régional et global.

IV – L'impact général des APE sur les pays ACP

Cet impact peut être évalué en termes d'opportunités et de menaces.

A – Les opportunités potentielles des APE

Les défenseurs des APE et principalement l'UE soulignent leur impact positif escompté notamment :

- *la dimension développement des APE* : les APE seront un instrument de développement puisqu'ils renforceront l'intégration régionale et amélioreront l'environnement commercial d'une manière crédible et durable. En outre, les APE et l'aide au développement devront être complémentaires ;

- *la réduction du coût des échanges et l'augmentation des opportunités pour les entreprises* : plus de 50 % des importations des ACP en provenance de l'UE sont des biens d'équipement ou des intrants intermédiaires ;

- *la réduction des taxes sur les importations en provenance de l'UE*, qui réduira directement les coûts de production dans les ACP et améliorera leur capacité à attirer l'investissement sur leur marché intérieur et à l'exportation. Plus généralement, la libéralisation des échanges pourrait améliorer la gouvernance économique en créant un environnement plus ouvert et plus concurrentiel ;

- *l'agrandissement du marché des pays ACP,* qui permettra des économies d'échelle, l'amélioration du niveau de spécialisation, la réduction des coûts de production et des échanges, l'augmentation de la compétitivité des ACP et l'attrait des investissements ;

- *l'amélioration du pouvoir d'achat des consommateurs*, qui devrait se ressentir dans le panier de la ménagère ;

- *le renforcement de l'intégration régionale*, notamment par l'amélioration des instruments de l'intégration, davantage d'harmonisation des politiques et législations nationales, le renforcement des capacités dans certains secteurs (douanes, transports), l'élargissement et l'organisation du marché régional, l'attrait des investissements directs étrangers et le renforcement des investissements existants ;

- *la flexibilité et l'asymétrie* : le mandat de négociation de la Commission européenne indique que la négociation des APE devrait tenir compte des contraintes spécifiques des pays ACP concernés, la même flexibilité devant être appliquée à la couverture en termes de produits et au calendrier/rythme des engagements de libéralisation pris par les pays ACP ;

- *l'augmentation des flux d'investissement* direct européen vers les ACP ;

- *le renforcement de la capacité des Etats ACP* à gérer les questions relatives aux normes techniques, mesures sanitaires, phytosanitaires et vétérinaires, ou bien à la protection de l'environnement ;

- *la restructuration des économies ACP*, par la combinaison d'une modification du cadre d'incitation des agents économiques (les poussant à une utilisation économiquement plus efficace de leurs ressources) et du soutien financier et technique de l'UE.

B – Les menaces à la mise en œuvre des APE

En Europe et davantage dans les pays ACP, des analystes expriment leur scepticisme sur les APE, craignant qu'ils n'aient, suivant les régions ou les pays, plusieurs effets négatifs. Il est généralement évoqué :

- *la chute brutale du revenu des taxes fiscales et douanières*, que ne pourrait compenser à court ou moyen terme une diversification des revenus fiscaux. On estime cette perte au Cameroun à 10 % du budget annuel ;

- *le démantèlement du système productif des pays ACP* : certains secteurs de production ACP sont peu compétitifs et même ceux qui le sont pourraient être menacés. Cette menace proviendrait d'abord du fait que dans le secteur industriel, les produits européens jouissent d'une haute technologie alors que les industries ACP sont des industries naissantes. Même s'il y a des industries en pleine expansion elles ne pourront pas affronter la concurrence des produits européens. Dans ce même secteur, les Etats ACP ont exprimé leur crainte de voir les produits agricoles bénéficiant de subventions venir concurrencer les productions locales. Les produits les plus visés sont entre autres, les céréales, la viande bovine, les viandes volailles et de porc, les produits laitiers, les concentrés de tomates, la pomme de terre, l'oignon, etc.

- *la perturbation des marchés ACP :* les marchés des ACP risquent d'être perturbés par la concurrence des produits importés d'Europe. En effet, on risque d'assister à une prépondérance des produits européens sur les marchés ACP ce qui pourrait entraîner une hausse des prix de ces produits et une augmentation des marges bénéficiaires de l'UE. Ceci va nuire au développement des pays ACP ;

- *le détournement de la demande au détriment des produits locaux*, signe d'une mise en concurrence avec les produits européens ;

- *la réduction des avantages des pays ACP dans les marchés de l'UE* : avec les accords préférentiels certains produits des pays ACP dits « protocoles » (banane, sucre, viande bovine, rhum) bénéficiaient d'une exemption de droits de douane sur le marché européen. Avec les APE ce ne sera plus le cas. De plus ces produits échappaient très souvent au contrôle des normes sanitaires et phytosanitaires exigées ;

- *la forte concurrence des produits européens*, notamment dans les secteurs où les pays ACP n'ont pas de produits concurrents ;

- *l'obstacle à la diversification des échanges des ACP* : avec des partenaires commerciaux autres que l'UE ;

- *le découragement de toutes les initiatives industrielles locales*, car les besoins seront satisfaits et le marché saturé par les produits européens. Une forte menace pèse surtout sur les PME locales ;

- *la complication des processus d'intégration régionale*, par un traitement différent des pays appartenant à un même groupement régional ;

- *un changement des modes de consommation*, notamment les habitudes alimentaires ;

- *les tensions inflationnistes* (hausse des prix), liées à la situation des monopoles consécutifs aux fusions, aux ententes et à l'existence d'une seule ou d'un nombre réduit d'entreprises et de pratiques de position dominante. La seule catégorie économique censée bénéficier des APE (les ménages selon les études d'impact) n'en sera plus en définitive bénéficiaire.

V – Impact des APE en Afrique centrale et au Cameroun

L'Afrique centrale n'échappe pas aux effets globaux que les APE engendreront sur l'ensemble des pays ACP. Cependant, sur la base d'un certain nombre d'études d'impact phares réalisées pour le compte de la sous région (voir bibliographie), il ya lieu de relever quelques spécificités.

A – Les effets positifs globaux

Sur les effets positifs globaux, les études montrent que les APE auront des avantages à court et moyen termes pour les pays de l'Afrique centrale. Ils réduiront les coûts des importations, ce qui pourrait accroître la rentabilité et la compétitivité des entreprises fortement utilisatrices de biens d'équipement et de biens intermédiaires en provenance de l'Europe. Ils rendront quasiment irréversibles, en complément des règles de la CEMAC, les engagements en faveur de la libéralisation des échanges et joueront un rôle de signal et d'ancrage des politiques commerciales favorisant les investissements.

Les APE seront bénéfiques aux consommateurs, si les gains ne sont pas accaparés par les intermédiaires, en ayant des effets de création de trafic (de commerce), en créant des économies d'échelle et en exerçant des effets de concurrence. On peut prévoir que, sous réserve de réformes structurelles importantes, de politiques macro-économiques saines mais également de financement des infrastructures physiques et humaines, d'amélioration de la qualité institutionnelle et de stratégie pour construire des avantages comparatifs, les APE permettront des gains d'efficience statiques et dynamiques et renforceront la croissance à long terme. Ils favoriseront la construction de marchés régionaux dans la mesure où les protections tarifaires et non tarifaires intra Afrique centrale seront inférieures aux niveaux de protection vis-à-vis du reste du monde. On pense que le Cameroun et à plus long terme la RDC peuvent devenir des pôles régionaux entraînant l'Afrique centrale.

B - Les effets sur les revenus financiers

Dans l'ensemble les APE auront des effets négatifs sur les recettes fiscales malgré le poids des recettes pétrolières, des transitions fiscales en cours et des marges importantes de manœuvre des ratios collectés. Deux effets sont attendus des APE : l'un est lié à la suppression de la majorité des droits de douane et l'autre à la modification de l'assiette (création et détournement de trafic) qui a un impact sur le montant perçu des droits de douane et de la taxe sur les transactions. Il importe également, du fait notamment des échanges parallèles et de l'évasion au niveau des douanes, de bien différencier les droits de douane théoriques (taux officiels) des droits effectivement perçus. Les effets des APE dépendront en partie du niveau initial de la taxation douanière. Or, celle-ci avait fortement chuté avec la mise en place du Tarif extérieur commun (TEC) de la CEMAC en 2000 (0,29 % du PIB).

Les taxes à l'importation (droit fiscal) assises sur les importations venant de l'UE représentant moins de 10 % des recettes publiques, un démantèlement de 80 % des droits de douane sur les importations venant de l'UE entraînerait – toutes choses égales par ailleurs – une baisse de 8 % des recettes budgétaires.

Dans la majorité des pays d'Afrique centrale, à l'exemple de la Guinée Equatoriale, de la RDC, Sao Tomé et Principe et du Tchad, les pertes fiscales représenteront moins de 5 % des recettes budgétaires totales. Elles seront inférieures à 10 % des recettes budgétaires dans les autres pays (Cameroun, Centrafrique, Congo et Gabon).

Tableau 11

Impact prévisible des APE sur les recettes fiscales des pays de l'Afrique centrale(en milliards FCFA)

Pays	Effets cumulés 2008-2018	Hypothèse haute annuelle	Hypothèse basse Annuelle	% du total des recettes budgétaires
Cameroun	340	100	70	10
Centrafrique	67 à 112	6,7	3,4	5,4 à 10,9
Congo	700	700	143	10
Gabon	561	561	70	7 à 8
Guinée équatoriale	7à 8	4,2	4,2	2

RDC	8,1	6,8	6,8	5
Sao Tomé	9	0,85	0,85	5
Tchad	180	86	31	5

Source : PriceWaterhouseCoopers (2007).

Tableau 12
Estimations des pertes de recettes douanières liées aux APE au Cameroun

Organisme	Année de publication	Pertes estimées (en milliards FCFA)	Période
CRETES	2003	65,5	Annuel
Karingi (CEA)	2004	76	Annuel
Douanes/GICAM	2008	100	Annuel
PCI	2005	359	2009-2020
PriceWaterhouseCoopers	2007	340	2010-2018
MINEFI	2008	2470	2010-2030

Source : Synthèse de l'auteur.

Dans le cas particulier des produits agricoles, les pertes de recettes douanières liées à la libéralisation des produits sont estimées à 30,7 milliards FCFA pour l'ensemble de la CEMAC dont 10,5 milliards pour le Cameroun, 9,1 milliards pour le Congo et 4,5 milliards pour le Gabon. Les principaux produits concernés sont par ordre la farine de blé, la poudre de lait, la viande de volaille, l'huile de soja et les tomates de conserves. Ces estimations sont réalisées sur la base d'un seuil d'exclusion de 20 %. Si le seuil d'exclusion passait de 20 % à 40% (comme le préconisent les observations du Secrétariat exécutif de la CEMAC), les recettes fiscales en seraient quasi automatiquement augmentées dans les mêmes proportions.

C - Les effets sur le commerce

A l'instar des autres régions africaines, les pays d'Afrique centrale devraient connaître une expansion substantielle du commerce avec l'UE, dans le cas d'une approche réciproque de l'APE. La création de commerce dépassera largement l'effet détournement[38], entraînant une expansion du commerce pour chaque pays, comme l'indique le tableau 12 ci-dessous.

On peut estimer les effets commerciaux totaux avec l'UE (détournement plus création de commerce avec l'UE) à environ 5 % des flux commerciaux.

Le détournement de commerce représentera entre 9 % (Cameroun) et 18 % (Gabon) des nouvelles importations. Ce détournement se fera en faveur de l'UE au détriment du reste du monde, à l'exception du Gabon et de la RCA qui verront une partie de leurs importations qui provenaient des pays de la CEMAC, détournées en faveur de l'UE. Ces montants ne sont pas négligeables et ne vont pas dans le sens d'une plus grande intégration régionale. Cependant, comparé aux autres régions africaines, ces détournements régionaux de commerce sont beaucoup moins importants pour la CEMAC. L'UE devrait connaître une expansion rapide de ses parts de marché en Afrique centrale. En termes de valeur, l'expansion la plus significative concernera le Cameroun, le Congo et le Gabon.

---

[38] La création de courants d'échanges correspond aux échanges engendrés par l'abaissement des restrictions aux échanges dans un Accord de commerce régional (ACR), c'est-à-dire aux importations en provenance de producteurs plus compétitifs des pays partenaires. Il y aura création de courants d'échanges, par exemple, lorsque les importations en provenance de l'UE remplaceront des produits locaux ACP moins compétitifs suite à l'élimination (ou à la réduction) des entraves aux échanges dans un APE. A contrario, le détournement des courants d'échanges correspond aux échanges engendrés par le traitement préférentiel accordé aux partenaires, lequel pénalise les producteurs qui ne sont pas parties à l'accord. Il y aura détournement de courants d'échanges, par exemple, lorsque la libéralisation des échanges au titre d'un APE conduira un pays ACP à mettre un terme à ses importations en provenance d'un producteur relativement compétitif et à bas coûts d'un pays tiers, au profit d'un autre producteur moins compétitif et relativement plus cher d'un pays signataire de l'APE (l'UE, par exemple), tout simplement parce que les entraves aux échanges pour les importations au sein d'une zone d'APE sont moindres que celles qui concernent les concurrents extérieurs. Du point de vue de l'allocation efficace des ressources, la création de courants d'échanges est préférable à leur détournement.

Tableau 12
Effets des APE sur le commerce des pays de la CEMAC (en milliards FCFA)

Pays	Création de commerce	Détournement de commerce	Dont Dét. Commerce CEMAC
Cameroun	153,2	16	0,00
Congo	74	12	0,00
Gabon	75	17	0,7
Guinée Equat.	32	3,2	0,00
RCA	5	0,7	0,1
Tchad	29	3,5	0,00

Source : Karingi (2004), p. 49.

A priori les APE auront peu d'effets sur les exportations de biens et services de l'Afrique centrale vers l'UE. Ceux-ci rentrent aujourd'hui avec peu de barrières tarifaires sur les marchés européens. Il y a une tendance forte à la diversification des partenaires des pays d'Afrique centrale et les principaux blocages proviennent de la structure d'offre de pays exportateurs de produits primaires, peu diversifiés. Certaines opportunités peuvent, toutefois, être notées sur des produits agricoles de contre saison, des exportations de produits agro-alimentaires transformés et des marchés de niche (biologiques, commerce équitable).

Les effets sur les importations seront en revanche plus significatifs même s'il faut également intégrer la diversification en cours des fournisseurs de produits. Les deux principaux secteurs qui seront concernés sont les biens de consommation alimentaires et les biens d'équipement. Les importations agricoles venant de l'UE concernent le blé et les produits dérivés (25 %), les vins et spiritueux (25 %), les viandes et volailles (10 %) et la poudre de lait (10 %). Les effets de détour de trafic seront également limités. Cependant, l'UE demeurera le principal partenaire de la région avec près de 50% des fournitures des importations et des exportations (40 % des importations dans le cas de la RDC).

De manière générale dans le cadre de l'APE, l'accord n'aura que peu d'effets sur le commerce intra CEMAC/CEEAC. C'est seulement en RCA et au Gabon que le traitement réciproque entraînera un détournement des importations en provenance d'autres pays de la CEMAC en faveur de celles provenant de l'UE. Ce détournement se fera principalement au désavantage du Cameroun. En effet, près de 90 % des importations gabonaises et plus de 62 % de celles de la Centrafrique détournées de la CEMAC au profit de l'UE se feront au détriment du Cameroun. Ce phénomène représentera plus de 5 % des exportations camerounaises vers ces deux pays. Si ce détournement concerne quasiment tous les secteurs camerounais, il touchera en premier lieu l'industrie agro-alimentaire. Pour des pays comme le Tchad, la Guinée équatoriale, le Congo et le Cameroun, les niveaux de commerce intra-zone seront limités. Cette situation devrait s'aggraver en raison de l'expansion rapide des exportations de l'UE vers ces pays. Dans tous les pays de la CEMAC, les exportations européennes devraient augmenter d'au moins 25 %, par rapport à l'année de base. Le développement et l'approfondissement du commerce intra-CEMAC/CEEAC devrait être dès lors, freiné par un accord de type réciproque avec l'UE.

Les APE, en termes d'effet de création de commerce, seront favorables à l'UE. Le fait que le commerce intra-CEMAC puisse être affecté de manière négative, constitue aussi un sujet de préoccupation pour le processus d'intégration régionale, cette région étant parmi les moins intégrées d'Afrique. Ce qui implique que le principe d'un approfondissement de l'intégration soit mis en avant, par rapport au principe de réciprocité, dans les négociations de l'APE pour cette région.

En matière de revenus commerciaux, le Cameroun, le Congo, le Gabon, la Guinée équatoriale et le Tchad auront des pertes significatives de leurs revenus. Etant donné que le remplacement de ces pertes ne peut pas être réalisé de manière instantanée, des mesures concrètes qui assureraient la soutenabilité fiscale, une fois l'entré en vigueur des APE, seront dès lors nécessaires et cruciales. Autrement, le déficit de revenu, couplé à la création de commerce univoque (seulement pour l'UE), et l'éventualité que les APE réduisent les efforts régionaux d'intégration par le commerce intra-régional, signifient que les pays de la CEMAC pourraient être perdants nets.

Le tableau ci-dessous illustre l'ampleur des chocs de commerce et de pertes de revenus douaniers, auxquels seraient confrontés les pays de la CEMAC. Il montre qu'en moyenne les importations de produits européens augmenteraient de plus d'un quart, alors que dans le même temps les revenus issus des taxes douanières baisseraient très fortement. Les baisses de revenus seraient comprises entre 51,9 % pour le Gabon et 69,6 % pour le Cameroun.

Tableau 13
Variation des importations de l'UE et pertes de revenus de la CEMAC

Pays	Variation des importations (en %)	Pertes de revenus (en milliards F CFA)
Cameroun	+ 28,5	- 74,5
Congo	+ 29,1	- 37,5
Gabon	+ 29,9	- 37
Guinée Eq.	+ 29,3	- 17
RCA	+ 27,6	- 0,3
Tchad	+ 24	- 13,5

Source : Karingi (2004), p. 51.

De même, il est possible d'évaluer le droit de certains produits camerounais sur le marché européen en situation d'APE ou de non APE. Par le tableau 14 ci-dessous, il ressort clairement que seule la banane et le café se trouveront en « péril » en cas de refus de mise en œuvre de l'APE. Or, il est reconnu que la filière bananière du Cameroun reste aux mains des intérêts étrangers.

Tableau 14

Droits de certains produits camerounais en situation d'APE et de non APE

Produit	Avec APE	Sans APE
Cacao en fèves	0 %	0 %
Banane	0 %	17 %
Café	0 %	0%
Coton	0 %	0 %
Pâte de cacao	0 %	6,1 %
Poudre de cacao	0 %	2,8 %
Ananas	0 %	2,3 %
Haricot vert en conserve	0 %	19,2 %
Beurre de cacao	0 %	4,23 %

Source : GRET (2006).

Le tableau montre clairement que seule la banane constitue le produit le plus menacé au Cameroun par l'APE avec une taxation se situant à 17 % à l'entrée du marché européen, le cas des haricots verts en conserve (19,2 %) constituant une véritable incongruité. Car dans le registre des exportations industrielles du Cameroun ce produit n'a jamais réellement figuré dans les statistiques officielles. De même, il serait très difficile de faire avouer à un Camerounais le lieu de production des haricots verts dans ce territoire.

D - Les effets sur le secteur productif

Le secteur productif concerne principalement l'agriculture, l'industrie et les services.

Dans le *secteur agricole*, les APE risquent d'accroître la dépendance alimentaire en Afrique centrale. Dans cette région, les importations agricoles représentent 16 % des importations totales contre 15 % du total des exportations. Le secteur agricole joue un rôle central au niveau de l'emploi, des revenus (notamment des femmes), de l'aménagement du territoire ou de l'autosuffisance alimentaire alors qu'il faut gérer la croissance démographique et urbaine. Aussi avec les APE, l'agriculture vivrière risque d'être concurrencée ainsi que les produits d'élevage. Certains produits agricoles sensibles devront alors être protégés (petit élevage, certaines céréales, huile, sucre). De manière générale, les perspectives d'exportations sur les marchés européens sont limitées sauf sur des produits de niche (biologiques, commerce équitable) et sur des produits de contre saison.

Les effets sur le *secteur industriel* seront significatifs. Certains produits sensibles seront plus spécialement concernés. Il s'agit notamment des produits alimentaires d'eaux gazeuses, les pâtes alimentaires, les huiles alimentaires, la farine, le secteur textile-habillement, les brasseries, les préparations alimentaires.

Enfin, en ce qui concerne le *secteur des services*[39], l'enjeu de leur libéralisation se situe à long terme. Dans le cadre des APE, cette libéralisation devrait avoir des effets positifs en favorisant la concurrence, en permettant quelques créneaux d'exportation, notamment de services financiers, en réduisant les coûts pour les entreprises et les consommateurs et en accélérant l'innovation.

De manière générale dans le secteur productif, trois types de produits peuvent être différenciés :

1. *Les produits qui bénéficieront des APE*: ils concernent l'agriculture d'exportation, l'exploitation forestière et les

---

[39] Les services sont concernés par les 4 modes de l'Accor général sur le commerce des services (AGCS) : Mode 1 (fournitures transfrontalières), Mode 2 (consommation à l'étranger), Mode 3 (présence commerciale), Mode 4 (présence de personnes physiques). Ce secteur est parfois qualifié de « système nerveux et sanguin » des économies d'Afrique centrale. En effet, le secteur des services contribue à 34,4 % du PIB de la région mais 48 % du PIB non pétrolier. Les exportations de service représentent 8 % des exportations totales et 26 % des exportations hors pétrole. Elles portent principalement sur les services de transport, les voyages, les services aux entreprises et les assurances. Elles sont pour 56 % orientées vers l'UE. Les importations de services représentent 45 % des importations totales. Elles concernent prioritairement les services aux entreprises, notamment pétrolières, les transports, les voyages, les assurances. Les services financiers se heurtent à la complexité des règles de l'UE

industries de bois, les industries extractives, quelques industries agro alimentaires (beurre de cacao pour le Cameroun), les industries métallurgiques (aluminium pour le Cameroun), les services publics (eau, gaz, électricité), les transports, les communications et les services. Les effets positifs résulteront soit des opportunités d'exportation sur les marchés européens voire d'Afrique centrale, soit de la baisse des coûts liés aux prix des biens alimentaires et des biens d'équipement importés.

2. *Les produits qui subiront les effets négatifs des APE* : ils concernent les céréales, la viande de volaille, les poissons, les industries agro alimentaires (boissons, jus de fruit, pâtes alimentaires, farine de froment, lait en poudre, huile de soja et les industries textiles et confection (fils, tissus, articles de bonneterie, vêtements).

3. *Les produits pour lesquels les effets seront neutres* : ce sont les féculents, les légumes, les tubercules, les meubles, le chocolat, les bovins, les porcins, le diamant, l'or).

Tableau 15
Impact de l'APE dans les secteurs clés de l'économie du Cameroun

Secteurs et branches	**Impact net positif**	**Impact net négatif**	**Impact mitigé ou nul**
Agriculture vivrière	-	Céréales	Féculents légumineuses légumes, etc.
Agriculture pour l'exportation	Café, cacao Thé, caoutchouc, coton huile de palme	-	-
Elevage	-	Volaille	Bovins, caprins Porcins,

Pêche	-	Poissons	-
Exploitation forestière et industries du bois	Grumes, Placages Bois sciés		Meubles et ouvrages de menuiserie
Industries agroalimentaires	Beurre de cacao	Boissons, Jus de fruit, Tabac Pâtes alimentaires, Farine de froment, Aliments pour bébé	Chocolat, Confiseries,
Industries textiles et confection	-	Fil, Tissus, Articles de bonneterie, Serviettes, Vêtement	-
Industries métallurgiques de base	Aluminium brut, Ouvrages en aluminium	-	-
Electricité, gaz, eau	Electricité, Gaz, Eau	-	-
Transports, entrepôts et communication	Oui	-	-
Services	Oui	-	-

Source : PriceWaterhouseCoopers (2007), p. 15.

E - Les effets sur l'intégration régionale

Comme nous le soulignions déjà plus haut, et malgré une certaine élévation des facteurs institutionnels, monétaires, juridiques et financiers, les pays d'Afrique centrale restent de fait très peu intégrés. Le réseau d'infrastructures est peu dense, avec un réseau routier inférieur à 60 000 kms dont 12 % sont bitumés ; les réseaux maritimes et aériens intra régionaux sont faibles. De nombreuses zones sont enclavées. Les deux places financières de Libreville et de Douala sont très peu actives. Les pays pétroliers et miniers préfèrent gérer leurs rentes à un niveau national. On constate des oppositions de leadership et de nombreuses divergences sur des projets régionaux marquant les limites d'une action communautaire (exemple de Air CEMAC) ou sur les règles de solidarité (exemple des représentations au sein des institutions de la CEMAC). Malgré la cohérence relative liée au pétrole, les taux de croissance diffèrent fortement, de même que les critères de convergence. En 2006, seuls le Cameroun, la Guinée équatoriale et le Gabon ont rempli trois critères sur quatre. Les encours de la dette sur le PIB varient de 1,9 % pour la Guinée équatoriale à plus de 100 % pour le Congo. La RCA (7,9 %) et le Tchad (16 %) ont des taux de pression fiscale non pétrolière très inférieurs à la moyenne qui se situe à 28 %. On constate pour des pays pétroliers et miniers de nombreux obstacles à l'intégration régionale et des oppositions sur la complémentarité nécessaire que suppose un marché financier ou une cellule commune de certification. Les disparités sont grandes entre les pasteurs Toubous du Tibesti tchadien et les habitants de la forêt équatoriale, entre les agriculteurs des plateaux de l'Ouest Cameroun et les éleveurs des zones sahelo-soudanienne.

D'un côté donc, les APE pourraient être bénéfiques à la région. Ils auront ainsi globalement pour effet d'inciter à l'harmonisation des TEC entre la CEMAC, Sao Tomé et Principe et la RDC, de réduire fortement le nombre de produits touchés au sein de la CEMAC et donc des règles d'origine des produits. Celles-ci sont conçues pour encourager l'intégration Sud-Sud. Les facteurs de production importés d'autres pays, notamment d'Afrique, doivent subir une transformation minimale pour qu'un produit fini soit déclaré d'origine africaine. Certains pays comme le Cameroun peuvent disposer d'avantages sur le marché agricole de la CEMAC et surtout sur les agro-industries. La libéralisation aura *a priori* pour effet de réduire les échanges informels avec les pays voisins de la CEMAC (Nigeria et RDC). On peut enfin considérer que les APE, en conduisant à un rapprochement de la RDC et Sao Tomé et Principe avec la CEMAC, favoriseront à moyen et long terme un marché de plus de 100 millions d'habitants dans une zone dotée de ressources du sous-sol et de la forêt stratégiques.

De l'autre côté, on pense que les APE saperont un processus d'intégration régional encore très fragile en Afrique centrale. Ceci sera rendu possible à travers quatre (04) phénomènes :

1. la différenciation géographique et économique des partenaires imposée par les APE, entre les PMA (bénéficiaires de l'initiative TSA) donc non concernés par les APE (RDC, RCA Tchad, Sao Tome, Guinée Equatoriale), et les non PMA soumis aux APE (Cameroun, Congo, Gabon) ;

2. le défi de la consolidation de la ZLE CEEAC, du fait de la mixture entre la CEMAC et deux pays « étrangers » (RDC, Sao Tome) qui a produit une configuration ne correspondant à aucun des regroupements régionaux existants et posé un défi pour la construction d'un marché commun en Afrique centrale ;

3. L'harmonisation des politiques commerciales, qui devrait inclure la mise en place d'un TEC, la réforme fiscalo-douanière, l'informatisation et l'interconnexion des systèmes de dédouanement, la mise en place de procédures douanières communes en accord avec le Code des douanes communautaires, toutes choses qui nécessitent la mobilisation de financements importants pour la réalisation des infrastructures ;

4 L'impact potentiel de l'accord intérimaire du Cameroun sur la ZLECEEAC, par lequel a mise en œuvre du

démantèlement tarifaire risque de mettre à mal la libre pratique au sein de l'union douanière CEMA en raison des mesures de rétorsion que pourraient prendre les autres Etats membres envers le Cameroun.

En réalité, l'APE ne pourra être un catalyseur pour l'intégration régionale en Afrique centrale que sous quelques conditions : (i) que l'APE s'étende à l'espace communautaire CEEAC au lieu du regroupement hybride actuel ; (ii) qu'il contribue à l'achèvement rapide de la mise en place de l'union douanière CEEAC ; (iii) que des investissements appropriés soient faits pour le renforcement des capacités de mise en œuvre des instruments de politique commerciale au sein de la CEEAC ; (iv)que les engagements de libéralisation que prendront les pays de la CEEAC tiennent compte de leurs niveaux d'intégration économique et commerciale.

F - Les effets sociaux

Les APE auront à coup sûr des effets sociaux en Afrique centrale. Car les relations positives entre libéralisation du commerce extérieur et la réduction de la pauvreté sont loin d'être démontrées tant par la théorie économique que par les tests empiriques. Il est donc essentiel que les APE permettent de répondre aux objectifs de lutte contre la pauvreté tel que voulue par l'Accord de Cotonou.

De fait quatre types d'effets sociaux peuvent être attendus des APE :

(1) les effets concernant l'accès aux services publics: ici la baisse prévisible des recettes assises sur les droits de douane aura des répercussions sur ces services et notamment sur les infrastructures, les dépenses de santé et d'éducation ;

(2) les effets des politiques de libéralisation sur les revenus des ménages : ceux-ci ont été simulés dans certains rapports dans le cadre de modèles prenant en compte les matrices de comptabilité sociale. Dans le cas des pays d'Afrique

centrale, les prix des produits alimentaires étant déterminants dans le niveau de vie des ménages, la libéralisation des produits agricoles et alimentaires pourra ainsi avoir pour effet de réduire leurs prix ainsi que les revenus agricoles et d'accroître les écarts entre le monde agricole et le monde non agricole ;

(3) Les effets au niveau territorial : les APE auront des effets différenciés entre les zones rurales (a priori perdantes pour les produits alimentaires) et les zones urbaines, mais également entre les centres urbains bénéficiant d'effets d'agglomération et de localisation des activités compétitives et les périphéries.

On a ainsi pensé qu'il était primordial que les normes sociales, notamment de l'OIT soient intégrées dans les APE.

G - Les effets environnementaux

La question environnementale est centrale dans un horizon à moyen et long termes compte tenu de la désertification dans certaines zones sahéliennes des pays de la CEMAC (Tchad, Nord Cameroun), des effets de pollution de certains pesticides et engrais nécessaires aux progrès des rendements agricoles, des pénuries d'eau dans certaines régions (Lac Tchad), de la déforestation non contrôlée dans plusieurs pays forestiers (Sud et Est Cameroun, Congo, Gabon). La forêt d'Afrique centrale est un puits de carbone stratégique au niveau de la planète et un lieu de très grande biodiversité. La prise en compte des coûts environnementaux est déterminante dans la spécialisation agricole et sera un des facteurs de compétitivité des produits agricoles et agro alimentaires (label vert, agriculture biologique..).

Les APE auront des effets importants sur l'environnement. La consommation énergétique conduira à une accélération de la déforestation et de la désertification. Les différents produits agricoles portent atteinte à l'environnement (exemple des pesticides pour le coton, de l'eau pour les fruits et légumes). De nombreuses activités, telles l'énergie à base de bois de chauffe ou la pêche, se heurtent aux rythmes de reconstitution des ressources forestières ou halieutiques. Les changements de systèmes de production, de diversification et de spécialisation internationale auront des effets environnementaux.

Il importe à la fois d'intégrer ces coûts environnementaux et de mettre en place des systèmes de financement permettant d'en compenser les effets. Le label vert sera de plus en plus un facteur déterminant de la compétitivité sur les marchés des pays industriels. Il faudra minimiser les risques environnementaux liés aux exportations de cultures de rente, notamment les bananes, mettre en œuvre un système de certification forestière pour le Bassin du Congo et réduire les risques de baisse des ressources naturelles (eau, forêt..) liées aux exportations facilitées par les APE.

Tableau 16
Synthèse des effets des APE sur les pays de la CEMAC

Domaine	Effets positifs	Effets négatifs
Recettes fiscales	Réduction des prix des produits importés.	Chute des recettes publiques liées aux taxes sur le commerce extérieur
Importations de biens	- Baisse du coût des intrants et des équipements - Effet de concurrence - Créations de commerces supérieurs aux détours de commerce	Effet de substitution vis-à-vis des produits peu compétitifs ou bénéficiant d'aides européennes
Importations de services financiers	Très peu de création et de diversion de commerce des services financiers	Très peu d'effets

Exportations de biens	Développement des activités bancaires et d'assurances liées aux importations	Développement des activités bancaires et d'assurances liées aux importations
Exportations de services financiers	Ouverture des marchés européens attendu s dans le cadre de la réciprocité par alignement des règlements	Peu d'effets négatifs attendus
Système productif et financier	Accroissement de la compétitivité de secteurs exportateurs et importateurs de biens intermédiaires et d'équipement européen	- Vulnérabilité du secteur industriel. Risque de démantèlement industries de substitution et peu compétitives - Peu de risques pour les services financiers actuellement soit concurrentiels soit de fait oligopolistiques sur des micro marchés
Intégration régionale	Favorise l'uniformisation des tarifs au sein de la CEMAC et la coordination des politiques commerciales, budgétaires et permet la création d'un marché régional de plus de 100 millions d'habitants.	Différents régimes douaniers ; Intérêts différents des APE selon les pays PMA (Guinée équatoriale, RCA, Sao Tomé, Tchad) ou non PMA (Cameroun, Congo, Gabon)

Sociaux	- Baisse des prix du panier de consommation notamment en milieu urbain - Peu d'effets attendus en termes de baisse d'emplois	- Concurrence en zone rurale des produits nationaux. - Risque de baisse des biens et services publics liés à la baisse des recettes. - Risque de déséquilibre territorial
Environnementaux	- Respect des normes environnementales (label vert, ..) - Ancrage des règles dans le cadre du Partenariat et transfert de crédibilité de la part de l'UE, signal pour les opérateurs permettant des comportements à long terme	- Risque d'accélération de déforestation, de pollution, de non renouvellement de ressources naturelles liées à l'ouverture extérieure. - Risque que les mises aux normes et les règles de l'UE ne soient pas en phase avec les conditions des économies d'Afrique centrale

Source : PriceWaterhouseCoopers (2007).

Chapitre 6

Présentation de l'APE d'étape signé par le Cameroun

Le 17 décembre 2007, c'est-à-dire 14 jours avant le délai arrêté par l'UE et l'OMC pour permettre aux pays ACP de conclure un APE et à la surprise générale, le Cameroun et l'UE paraphaient un APE intermédiaire confirmé par une signature officielle, le 15 janvier 2009 à Yaoundé et sa ratification par le Parlement le 10 juillet 2014.

Quelle sont les raisons de cet engagement du Cameroun malgré les risques relevés ? Qu'en est-il du fond de l'accord signé ? C'est à ces questions que ce chapitre de notre ouvrage tente d'apporter des réponses.

I – Les raisons de la signature

De manière générale on peut analyser ces raisons en raisons avouées et en raisons inavouées[40].

A - Les raisons avouées de la signature

Ce sont celles qui ont été officiellement évoquées par les parties camerounaise et européenne pour justifier l'engagement du Cameroun. Comme l'attestent les différentes déclarations, ces raisons sont essentiellement d'ordre économique et stratégique.

S'agissant des raisons économiques, il était question pour le Cameroun, selon M. Louis Paul Motaze, alors ministre de l'Economie du Cameroun, de « *se conformer aux prescriptions nouvelles qui sont celles de l'OMC qui demande que les échanges soient accélérés* » et de « *préserver les intérêts*

[40] Pour plus de détails voir R. Ebalé, « Accord de Partenariat Economique (APE). Pourquoi et comment le Cameroun a signé », *Le Jour*, N° 95 du jeudi 7 février 2008 pp. 8-9.

économiques vitaux[41] ». Ainsi pour le Cameroun, l'accord permettait de maintenir les intérêts commerciaux majeurs du pays vis-à-vis de l'UE et d'éviter une brusque imposition des taxes douanières sur ses exportations vers les marchés européens comme l'affirmait l'UE vis-à-vis des pays ACP qui ne signeraient pas un APE avant le 31 décembre 2007. Le ministre de l'Economie déclarait ainsi, le 15 janvier 2009 :

> Il se fait simplement que nous (Afrique centrale) avons un certain nombre d'exigences qui n'ont pas encore trouvé de réponses. Mais comme dans le même temps, le Cameroun en tant que pays a aussi ses préoccupations que je peux qualifier de nationales, parce que nous avons une économie qui n'est pas forcément celle de tous les autres pays. Nous avons un certain nombre de produits d'exportation qui risquaient d'être frappés, c'est-à-dire de ne pas pouvoir entrer dans le marché de l'Union européenne dans les conditions que nous connaissions. C'est la raison pour laquelle il était bon que le Cameroun négocie un accord intérimaire parce qu'il devrait nous amener vers un accord régional complet que nous négocions avec l'Union européenne »[42].

Ces arguments étaient déjà évoqués le 17 décembre 2007 par M. Javier Puyol, Chef de la Délégation de l'UE au Cameroun lors du paraphe de l'accord d'étape. Il affirmait à cet effet :

> Cet accord intermédiaire est une étape cruciale que nous avons réussi à franchir sur voie d'un accord de partenariat économique dans les mois à venir. La transition ouverte par cet accord intermédiaire permet d'éviter que les principaux produits d'exportation camerounais vers l'Europe, tels que la banane, l'aluminium, etc., ne soient soumis à des droits de douane à partir du 1er janvier 2008, avec toutes les conséquences économiques et sociales négatives que cela aurait pu occasionner[43].

---

[41] J. Fankam, « Ouvertures des marchés : les engagements pris par le Cameroun et l'UE », *Cameroon Tribune* du lundi 19 janvier 2009, p. 5.
[42] Ibid.
[43] C. Corine Koum, « Le Cameroun signe l'accord d'étape », *La Nouvelle expression* N° 2131 du 18 décembre 2007, p. 4.

Sur le plan stratégique, la signature du Cameroun a été présentée comme une voie devant emmener vers un accord global engageant l'ensemble des pays de l'Afrique centrale. S'exprimant dans ce sens en décembre 2007, le ministre camerounais de l'Economie affirmait que « *si le gouvernement camerounais a* [...] *décidé ce jour de parapher seul cet accord d'étape, il espère bien que d'autres Etats de l'Afrique centrale se joindront au Cameroun au moment de la signature* [définitive][44]». Une opinion également partagée par M. Peter Thomson, Directeur général du Développement à la Commission européenne qui, parlant devant la presse camerounaise en janvier 2009 à Yaoundé, affirmait « *compter sur le Cameroun, en tant que locomotive économique dans la région, pour impulser et alimenter une dynamique de négociation en Afrique centrale*[45] ». De même Catherine Ashton, alors Commissaire européenne chargée du Commerce, déclarait avoir «...*la ferme intention de poursuivre et de conclure des négociations régionales en Afrique centrale et le présent accord est à considérer comme une étape essentielle vers la conclusion d'un accord de partenariat économique régional avec l'Afrique centrale*[46] » tandis que Louis Michel, Commissaire européen chargé du développement concluait :

> Les accords de partenariat économique encouragent les pays en développement à bénéficier du commerce international, tout en préservant un certain niveau de protection de leurs intérêts clés. Je suis convaincu que le présent accord avec le Cameroun va ouvrir la voie à l'intégration régionale à laquelle aspirent les pays de l'Afrique centrale[47].

---

[44] Ibid.

[45] Commission européenne, « L'UE et le Cameroun signent un accord commercial », Communiqué de presse de la Commission européenne, Bruxelles, 15 janvier 2009.

[46] Ibid.

[47] Ibid.

B - Les raisons inavouées de la signature

Ce sont celles qui sont ignorées par la majorité de l'opinion, mais qui se seraient avérées décisives dans l'engagement du Cameroun à signer un APE d'étape.

Ces raisons sont essentiellement d'ordre politico-économique et reposent avant toute chose sur un postulat bien pensé par l'UE depuis que la mondialisation s'est érigée en règle des affaires internationales. Emprunté à Patrick Gomes, ce postulat s'énonce ainsi :

> La Commission européenne prétend que les APE visent au développement et à l'éradication de la pauvreté. Mais il s'agit en fait plutôt d'ouvrir les marchés aux grandes entreprises européennes, de sécuriser leur accès aux matières premières et limiter la possibilité pour les pays d'Afrique Caraïbes Pacifique (ACP) de réguler leurs économies dans l'intérêt de leur population et de leur écologie. Ces gouvernements ont été forcés à signer les APE comme certains d'entre eux l'ont depuis reconnu à maintes reprises[48].

Ainsi sur le plan économique et comme nous le soulignions plus haut, l'engagement du Cameroun à signer un APE d'étape était lié au souci de celui-ci de « *préserver les intérêts économiques vitaux* ». Ces intérêts vitaux évoqués de manière voilée par les autorités camerounaises et européennes ne seraient en fait que ceux liés à un produit agricole : la banane[49].

---

[48] P. Gomes, *Statement to Committee on International Trade Hearing on the Economic Partnership Agreement CARIFORM-EC*, décembre 2008 cité par Agone, « Quand la Commission européenne crée des lobbies africains », lundi 25 mai 2009, *http://blog.agone.org/post/2009/05/09/Quand-la-Commission-europeenne-cree-des-lobbies-industriels-africains.*

[49] Deux études confirment notre thèse. La première est celle publiée en février 2006 par le Programme Intégrée Conjoint d'Assistance Technique (JITAP) qui fait ressortir que la non signature de l'accord d'étape exposait le Cameroun à basculer dans le SGP qui frappait les produits exportés vers l'UE de taxes douanières. Et en tête des produits taxés se trouvait la banane avec un pourcentage de 17,6 %, suivi de la pâte de cacao (9,6 %), le beurre de cacao (4,2 %), la poudre de cacao (2,8 %). Voir C. Abena Nguema, *L'impact des accords de l'OMC sur l'économie du Cameroun, négociation et mise en*

En effet, le souci de préserver et de protéger les puissants intérêts bananiers détenus pour l'essentiel par les Européens (et notamment les Français[50]) et des lobbies nationaux dans le Mungo a joué un rôle crucial dans la signature de l'APE d'étape par le Cameroun. Car ce produit était sinon le seul du moins le principal directement menacé par le maintien des droits de douane à l'entrée de l'UE (voir tableau 14). Ceci s'est fait d'autant plus que la banane latino-américaine dite « dollar » opérait une forte percée sur le marché de l'UE.

En qualifiant la banane d'« *un produit extrêmement important pour notre pays*[51] », il ne restait plus qu'aux lobbies

---

œuvre, rapport préparé dans le cadre du Programme Intégré Conjoint d'Assistance Technique (JITAP), Février 2006, p. 51. URL : *www.unctad.org/Templates/Download.asp?docid=8413&lang=2&intItemID =1397.*La deuxième étude est celle publiée par Plate forme des acteurs non étatiques de l'Afrique centrale (PANEAC) en novembre 2007 sur la base des données produites par l'ONG Oxfam Internationale et qui montre qu'au pire des cas, 7 % seulement des exportations du Cameroun retombaient sous le coup des droits de douanes en cas de non signature d'un APE avec l'UE (2 % pour la Gabon et le Congo) et ces 7 % étaient constitués essentiellement de la banane. Voir *La voix du paysan* N° 198, novembre 2007, p. III. Sur le lien entre l'APE du Cameroun et la banane voir aussi H. Diabaté, « Accords de partenariat économique : l'épée de Damoclès qui pèse sur la banane camerounaise », *La lettre de la bourse*, N° 054 du 26 novembre 2007, p. 7. URL : *www.lettredelabourse.net* ; S. Douala Epale, « Accord de partenariat économique. Panique dans les rangs des exportateurs africains de fruits », *La lettre de la bourse*, N° 054 du 26 novembre 2007, p. 7. URL : *www.lettredelabourse.net* et G. Anania, « Les bananes, les Accords de Partenariat Economique et l'OMC », *Eclairages sur les négociations*, N° 8, Vol. 8, octobre 2009, p. 6.

[50] Voir entre autres, C. Gilguy, « Filières agro-industrielles : quatre ans de restructuration », *Marchés tropicaux et méditerranéens* Spécial Cameroun, N° 2457 du 11 décembre 1992, p. 3334 ; N. Assoua Elat, *Contribution à l'amélioration du processus managérial au sein des plantations bananières au Cameroun : le cas de Njombe*, mémoire de Master II en socio-anthropologie du développement Option développement et management des projets en Afrique, Université Catholique d'Afrique Centrale (UCAC), 2007, pp 52-56 et G. A. Tjomb, « Banane camerounaise : le diktat des entreprises françaises », *Indices* n° 105 du 5 mai 2008, p. 7.

[51] Propos du ministre camerounais du Commerce M. Luc Magloire Mbarga Atangana.

politico-économiques d'Europe et du Cameroun de porter la décision de la signature au plus haut niveau de l'Etat et de relayer au rang de figurantes toutes les instances de négociation et les intérêts vitaux du Cameroun de l'intégration sous régionale[52].

Au-delà, afin de pousser le Cameroun à tout prix à la signature, l'UE a su user d'appâts sur lesquels le gouvernement n'a pas manqué de mordre dans le contexte de la politique des « Grandes ambitions » alors en élaboration. C'est ainsi que le 11 octobre 2007, c'est-à-ire à deux mois de l'échéance de décembre fixée par l'UE, l'Etat camerounais, représenté par M. Louis Paul Motaze, ministre de l'Economie, de la Planification et de l'Aménagement du Territoire et Javier Puyol, chef de délégation de la Commission européenne à Yaoundé, signaient la convention de financement du Programme d'Appui et de Soutien à l'APE (PASAPE) d'un montant de 3,6 milliards FCFA sur fonds du9ème FED (2002-2007). D'une durée de quatre ans, ce programme - en fin de compte sans effets apparents – était censé être « *utile au renforcement de la compétitivité de l'économie nationale et la mise à niveau des entreprises dans la perspective de l'ouverture des marchés dès 2008* ». Il devait aussi « *aider à l'amélioration de l'environnement des affaires et à développer le système de normalisation et de qualité qui fait défaut aux produits locaux* ».

De même, tout en accordant une confiance aveugle à l'UE, le Cameroun tenait par son engagement à bénéficier des 50 millions d'euros (32,7 milliards FCFA), à travers les nombreux projets d'aide au commerce du programme du 10ème FED (2008-2013), en même temps que la signature de l'Accord intérimaire rendait possible la notification de cet accord à l'OMC et donc, permettre de se défendre efficacement contre de

---

[52] Sur cet aspect de l'APE au Cameroun et pour les détails voir R. Ebalé, *La négociation des Accords de partenariat économique (APE) entre l'Union européenne et les pays ACP. Perspective historique et étude de cas de l'Afrique centrale et du Cameroun*, à paraitre courant 2014.

possibles recours devant cette organisation, à l'encontre du régime commercial privilégié accordé au Cameroun[53].

Des arguments qui se sont révélés par la suite vides.

II – Contenu général de l'Accord

Nous présentons de manière générale l'APE d'étape ainsi que ses principales caractéristiques.

A - Présentation et objectif général de l'accord

En l'absence d'un APE avec tous les pays de sous-région, l'APE d'étape codifie les échanges commerciaux entre l'UE et le Cameroun en attendant que les négociations sur la signature d'un accord global aboutissent[54]. Il s'agit d'un document d'environ 439 pages (dont 113 pages de texte principal et 326 pages d'annexes) comportant 8 titres, 15 chapitres et 108 articles. Les titres traitent respectivement des objectifs du partenariat pour le développement, du régime commercial pour les produits, de l'établissement, commerce des services et commerce électronique, des règles liées au commerce, de la prévention et règlement des conflits, des exceptions générales et des dispositions générales et finales.

L'accord d'étape a pour principal objectif de « *contribuer à la réduction et à l'éradication ultérieure de la pauvreté par l'établissement d'un partenariat commercial cohérent avec l'objectif de développement durable et les objectifs de développement du Millénaire, et de promouvoir une économie régionale en Afrique centrale plus compétitive et plus diversifiée et une croissance plus soutenue* ». Il stipule que le

---

[53] M-N. Guichi, « Le Cameroun signe malgré les réserves de la société civile », *Le Messager* N°2777 du 19 janvier 2009, p. 11.

[54] Pour le texte complet de l'accord voir Journal officiel de l'Union européenne, *Accord d'étape vers un accord de partenariat économique entre la Communauté européenne et ses Etats-membres, d'une part, et la partie Afrique centrale d'autre part*, L 57/2 FR. 28 février 2009, *http://eur-lex.europa.eu/LexUriServ/LexUriServ.do?uri=OJ:L:2009:057:0002 : 0360 : FR : PDF.*

Cameroun va continuer d'exporter nombre de ses produits agricoles ou transformés vers l'UE en franchise des droits de douane et sans contingents. Mais en contrepartie de ces préférences commerciales, le Cameroun s'engage à son tour à libéraliser 80 % de ses importations en provenance de l'UE sur une période de 15 ans. Ce qui signifie une chute presque complète des barrières douanières à l'entrée du Cameroun pour tous les produits provenant de l'UE.

B -Principales caractéristiques de l'Accord

Ces caractéristiques ont trait au commerce des marchandises, aux marchandises libéralisées et non libéralisées dans l'APE intérimaire, à la coopération au développement et à d'autres éléments inclus dans l'accord.

1) Le commerce des marchandises

Les dispositions sur le commerce des marchandises couvrent essentiellement les aspects suivants:

- l'accès au marché de l'UE en franchise et sans contingent pour toutes les importations en provenance du Cameroun à compter du 1er janvier 2008, avec une période de transition pour le sucre (jusqu'en 2015) ;
- une ouverture asymétrique et progressive du marché camerounais aux marchandises de l'UE, en tenant pleinement compte des différences de niveaux de développement entre le Cameroun et l'UE ;
- un chapitre sur la défense commerciale, avec des garanties bilatérales permettant à chaque partie de réinstaurer des taxes et des quotas lorsque les importations en provenance de l'autre partie perturbent ou menacent de perturber son économie ;
- un chapitre sur les obstacles techniques au commerce ainsi que sur les mesures sanitaires et phytosanitaires (SPS),

pour aider les exportateurs camerounais à répondre aux normes de l'UE ;

- et un chapitre visant à faciliter le commerce grâce à des mesures telles que des procédures douanières plus efficaces et une meilleure coopération entre les administrations (ainsi qu'entre les administrations et les entreprises).

2) Les marchandises libéralisées dans l'APE intérimaire

Selon le calendrier de libéralisation établit par l'APEI, le 1er janvier 2010, les premières barrières tarifaires qui protègent le marché camerounais des exportations européennes devaient être levées. Le Cameroun s'est engagé à libéraliser 80% des importations en provenance de l'UE sur une période de 15 ans. La libéralisation devrait se faire sur la base de trois grandes catégories de produits :

- Catégorie 1 : Produits à libéralisation rapide pour la lutte contre la pauvreté et le bien-être. Ce sont les produits qui seront totalement libéralisés après 4 ans (c'est-à-dire en 2018 si l'on adosse la libéralisation au calendrier de la date de ratification et de début de mise en œuvre de l'APEI en juillet et août 2014). Il s'agit de machines industrielles et de haute technologie, comme les turbines, les grues, les machines à coudre, à scier, les ordinateurs; mais aussi de produits de première nécessité comme les médicaments, les appareils médicaux, les produits chimiques de base ;

- Catégorie 2 : Produits à llibéralisation lente pour encourager la production locale. Ces sont les produits qui seront totalement libéralisés après 7 ans. (c'est-à-dire 2024si l'on adosse la libéralisation au calendrier de la date de ratification et de début de mise en œuvre de l'APEI en juillet et août 2014). Il s'agit de véhicules pour le transport de marchandises, de remorques, de tracteurs, d'autres machines et appareils industriels et électriques, de produits en fer ou acier et d'autres métaux bruts ou semi-finis, de certains papiers et cartons, de produits en caoutchouc semi-fini ;

- Catégorie 3 : Produits à llibéralisation très lente pour la protection de la production locale et les recettes fiscalesce. Ce sont les produits qui seront totalement libéralisés qu'au bout de 15 ans (c'est-à-dire en 2030si l'on adosse la libéralisation au calendrier de la date de ratification et de début de mise en œuvre de l'APEI en juillet et août 2014). Pour la plupart il s'agit de machines et véhicules à usage privé, de produits agroalimentaire non produits ni transformés au Cameroun, de produits de consommation de diverses natures.

Tableau 17

Calendrier du démantèlement tarifaire prévu par l'Article 21 de l'APE intérimaire

Catégorie	1er janv. 2008	1er janv. 2009	1er janv. 2010	1er janv. 2011	1er janv. 2012	1er janv. 2013	1er janv. 2014
1	0 %	0 %	25 %	50 %	75 %	100 %	
2	0 %	0 %	0 %	15 %	30 %	45 %	60 %
3	0 %	0 %	0 %	0 %	0 %	0 %	10 %
	1er janv. 2015	1er janv. 2016	1er janv. 2017	1er janv. 2018	1er janv. 2019	1er janv. 2020	1er janv. 2021
1							
2	75 %	90 %	100 %				
3	20 %	30 %	40 %	50 %	60 %	70 %	80 %
	1er janv. 2022			1er janv. 2023			
1							
2							
3	90 %			100 %			

Source : Commission européenne

Tableau 18

Calendrier du démantèlement tarifaire adossé sur la date de ratification de l'APE intérimaire (juillet 2014)

Catégorie	1er janv. 2015	1er janv. 2016	1er janv. 2017	1er janv. 2018	1er janv. 2019	1er janv. 2020	1er janv. 2021
1	25 %	50 %	75 %	100 %	-	-	
2	0 %	0 %	0 %	15 %	30%	45 %	60 %
3	0 %	0 %	0 %	0 %	0 %	0 %	10 %

	1er janv. 2022	1er janv. 2023	1er janv. 2024	1er janv. 2025	1er janv. 2026	1er janv. 2027	1er janv. 2028
1							
2	75 %	90 %	100 %				
3	20 %	30 %	40 %	50 %	60 %	70 %	80 %

	1er janv. 2029	1er janv. 2030
1		
2		
3	90 %	100 %

Source : compilation de l'auteur

La libéralisation pour chaque catégorie sera graduelle, afin d'atténuer le plus possible les effets potentiellement négatifs sur le système économique camerounais, par exemple, sur les recettes douanières. Il s'agit de donner au pays le temps nécessaire pour élaborer et mettre en œuvre les réformes économiques adéquates, notamment fiscales, la mise à niveau des entreprises ou des incitations aux investissements.

Par exemple, le tarif douanier sur les produits inclus dans la première catégorie sera réduit de 25% après 2 ans, de 50% après 3 ans, de 75% après 4 ans, pour être totalement éliminé après 5 ans. Le tarif douanier sur les produits inclus dans la deuxième catégorie sera diminué de 15% après 3 ans, de 30% après 4 ans, de 45% après 5 ans, et ainsi de suite, jusqu'à être totalement éliminé après 9 ans. Finalement, le droit de douane sur les produits appartenant à la troisième catégorie sera réduit de 10%

après 6 ans, de 20 % après 7 ans, de 30% après 8, et ainsi de suite jusqu'à être totalement éliminé après 15 ans. Pour résumer, les importations en provenance de l'UE de produits de première nécessité ou de produits intermédiaires qui contribuent à la transformation industrielle au Cameroun seront libéralisées plus rapidement. Actuellement, les droits de douane sur ces produits sont parmi les plus bas (la plupart à 10 %, d'autres à 20%). En revanche, les importations de produits de consommation ou potentiellement plus sensible à la concurrence et qui actuellement font l'objet de droits de douane en moyenne plus élevés (30%) seront libéralisés plus tard.

3) Les marchandises qui ne sont pas libéralisées dans l'APE intérimaire

Le Cameroun a exclu de la libéralisation certains produits agricoles et non agricoles transformés, principalement pour assurer la protection de ses marchés agricoles ou industriels considérés comme sensibles, mais également pour préserver ses recettes fiscales. Il notamment :

- de tous les produits agricoles et animaux qui sont cultivés ou élevés et transformés au Cameroun et qui pourraient être sensibles à la concurrence des importations européennes. Il en est ainsi par exemple des chocolats, des pâtes alimentaires, des confitures, des jus, des eaux minérales, des boissons alcoolisées, des tabacs, des viandes, de lait et des produits laitiers, ou de café.

-de certains produits liés à l'industrie chimique comme les cosmétiques, les peintures, les savons ou les allumettes ;

-des métaux, où sont exclus l'aluminium et ses produits de base ;

-des textiles, le coton et les laines ainsi que la plupart des vêtements dont les articles de friperie ;

-du secteur du bois où sont exclus la plupart des produits transformés ainsi que du secteur des plastiques;

-des minéraux et leurs dérivés, comme le marbre ou le travertin et où sont exclus les ouvrages en métaux précieux et la bijouterie.

Tableau 19
Répartitions statistique des catégories de marchandises libéralisées

Catégorie	Nombre de lignes tarifaires	Poids des lignes (%)	Poids des importations (%)	Période de Libéralisation
1. Libéralisation rapide pour la lutte contre la pauvreté et bien-être	1631	31,22	24,88	2015-2018
2. Produits à llibéralisation lente pour encourager la production locale	971	18,58	25,41	2018-2024
3. Produits à llibéralisation très lente pour la protection de la production locale et les recettes fiscalesce	1405	26,89	29,64	2021-2030
4 Exclusion de la libéralisation	1217	23,29	20,07	Exclus

Source : Edoa (2014).

Tableau 20
Offre du Cameroun : niveau de libéralisation par noyau d'importation de produit (en%)

Noyau d'importation	Libéralisé	Groupe exclu	Total
Alimentaires-Boissons-Tabacs	8,2	91,8	100
Energie et Lubrifiants	100	0	100
Produits bruts animaux ou végétaux	63,5	36,5	100
Produits bruts minéraux et autres	93	7	100
Demi-produits	94,5	5,5	100
Matériel de transport	95,2	4,8	100
Equipement agricole	92,3	7,7	100
Equipement industriel	100	0	100
Consommation des ménages	64,4	33,6	100
Consommation des entreprises	87,5	12,5	100
Total	79,94	20,6	100

Source : Edoa (2014).

4) Coopération au développement

L'APE intérimaire comporte également un volet intitulé « Partenariat pour le développement ». Ce volet a pour but de promouvoir le renforcement des capacités et la mise à niveau de l'économie camerounaise, notamment par la mise en place d'un cadre économique et institutionnel propice à la croissance d'une activité économique compétitive, par le biais des instruments de la politique commerciale et de ceux de la coopération au développement.

Les dispositions en matière de coopération au développement font le lien avec la politique et les dispositifs de coopération au développement de l'UE. Elles identifient des domaines prioritaires de la coopération, nécessaires pour accompagner la mise en œuvre de l'APE intérimaire. Les principaux domaines identifiés sont :

- le développement des infrastructures de base à vocation régionale ;
- l'agriculture et la sécurité alimentaire ;
- le renforcement, la diversification et l'amélioration de la capacité des secteurs économiques et productifs ;
- l'approfondissement de l'intégration régionale ;
- l'amélioration du climat des affaires ;
- et l'appui à la mise en œuvre des règles liées au commerce.

5) Autres éléments

Un mécanisme de règlement des litiges détaillé est prévu pour permettre la mise en œuvre efficace de l'accord. De nouvelles règles d'origine seront négociées et annexées à l'APE intérimaire dès que possible. En attendant, le Cameroun bénéficie des règles d'origine améliorées contenues dans le Règlement d'accès au marché de 2007. Outre cette disposition en matière d'élimination de droits de douane, l'APE intérimaire inclut aussi des dispositions particulières en matière de défense commerciale. Ces dispositions, elles-mêmes très importantes, prévoient des mesures de sauvegarde bilatérales permettant à chaque partie de réinstaurer des droits de douane et des quotas, si les importations de l'autre partie perturbent ou menacent de perturber son économie.

Par exemple, lorsqu'un produit est importé de l'UE en quantités tellement accrues et à des conditions telles que ces importations causent ou menacent de causer un dommage grave à l'industrie domestique camerounaise ou des perturbations dans un secteur de l'économie ou des marchés des produits agricoles, le Cameroun peut prendre des mesures de sauvegarde et réinstaurer temporairement des droits de douanes ou suspendre temporairement le processus de démantèlement. L'APE intérimaire prévoit aussi une disposition spéciale pour le Cameroun en matière de sécurité alimentaire, s'il s'avère que la mise en œuvre de l'accord conduit à des difficultés de disponibilité ou d'accès à des produits alimentaires.

L'UE, en outre, s'est engagée à démanteler toutes les subventions existantes aux exportations de produits agricoles vers le marché camerounais, pour les produits libéralisés par le Cameroun. L'accord couvre également les obstacles techniques au commerce ainsi que les mesures sanitaires et phytosanitaires, en particulier pour aider les exportateurs camerounais à se conformer aux normes de l'UE. Il prévoit également un chapitre visant à faciliter le commerce grâce à des mesures telles que des procédures douanières plus efficaces et une meilleure coopération entre les administrations d'une part, et entre les administrations et les entreprises d'autre part.

Compte tenu des défis liés à l'élimination progressive des droits de douane, un dialogue et une coopération spécifique seront instaurés, en particulier en ce qui concerne les mesures d'adaptation fiscale. Une assistance technique et financière en matière de réformes fiscales et d'absorption de l'impact fiscal net en complémentarité des réformes fiscales sera mise en œuvre. Un approfondissement de la réflexion sur ce partenariat pour le développement est prévu dès la mise en œuvre de l'accord. Enfin, L'APE d'étape est incomplet, couvre particulièrement le domaine du commerce des marchandises et comporte des clauses de rendez-vous sur des questions non encore négociées :

- mise en place d'un Fonds régional APE (FORAPE) ;
- mise en place des mesures d'assistance technique et financière dans le cadre de la coopération financière et fiscale ;
- élaboration d'une méthode commune d'évaluation de l'impact commerce des marchandises et des questions non encore négociées ;
- élaboration d'une méthode commune d'évaluation de l'impact fiscal net ;
- partenariat pour le développement et modalités de mise en œuvre (renforcement des capacités et mise à niveau des économies de l'Afrique, etc.) ;
- commerce des services ;
- paiements courants et mouvements des capitaux ;

- autres règles liées au Commerce (concurrence, propriété intellectuelle, marchés publics)
- développement durable ;
- mise en place du Comité APE prévu par l'APE intérimaire[55].

Tableau 18
Résumé des principales dispositions de l'APE intérimaire Cameroun-UE

Elément	Disposition
Règles d'origine[56]	Le Cameroun bénéficie des règles d'origine améliorées pour les signataires des APE intérimaires. De nouvelles règles d'origine seront annexées à l'APE intérimaire lorsqu'elles seront convenues avec la région dans le cadre des négociations pour un APE complet. Temporairement, les règles d'origine en vigueur au 1er janvier 2008 sur le territoire des parties s'appliquent.
Taxes à l'exportation	Aucune nouvelle taxe ne doit être introduite ou augmentée. Des introductions/augmentations temporaires sont autorisées pour des raisons de préservation de l'environnement ou pour maintenir la stabilité monétaire et après consultation auprès de la Commission européenne
Subventions à	Pas de nouvelles subventions à l'exportation de

[55] Le Comité APE est une instance paritaire prévue par l'article 92 de l'APE bilatéral Cameroun-UE. L'alinéa 3 de cet article indique que «le Co mité APE est responsable de l'administration de tous les domaine couverts par le présent accord e de la réalisation de toutes le tâches mentionnées dans le présent accord ». L'article 2 du projet du règlement intérieur est davantage précis sur le rôle qui devra jouer cette instance. Ce article, qui ne fait pas l'objet d contestation des parties au stade actuel des discussion sur l'élaboration du règlement intérieur, égrène d'ailleurs toutes ses missions. La première réunion du comité y relatif s'est tenue à Bruxelles en Belgique lundi 11 et mardi 12 mai 2015.
[56] Les règles d'origine sont les critères permettant de déterminer le pays d'origine d'un produit. C'est la carte d'identité économique du produit

l'exportation de produits agricoles	produits agricoles, pas d'accroissement sur celles existantes, démantèlement par L'UE de toutes les subventions existantes sur les produits agricoles libéralisés par le Cameroun
Clause de statu quo	Oui, les droits tarifaires sont ceux au moment de la signature de l'APEI et non ceux consolidés au moment de l'entrée en vigueur de l'accord
Clause NPF	Oui, l'UE sera bénéficiaire des avantages commerciaux plus importants (par comparaison à ceux offerts à l'UE dans l'APE intermédiaires que le Cameroun serait amené à offrir dans le futur aux partenaires commerciaux « majeurs » dans le cadre d'un « accord d'intégration économique »
Réexamen des concessions tarifaires en cas de difficultés sérieuses	Oui, en cas de difficultés sérieuses, le démantèlement tarifaire peut être revu, si convenu mutuellement, mais pas au-delà de la période de transition maximum. Si aucun accord n'est trouvé, le Cameroun peut suspendre les réductions tarifaires pour une période maximum d'un an.
Obstacles Techniques au Commerce (OTC) et les mesures Sanitaires et Phytosanitaires (SPS)	Conformité aux accords de l'OMC en la matière (Principe de la non-discrimination, Principe visant à éviter les obstacles inutiles au commerce, Principe de l'harmonisation, Principe de l'équivalence des prescriptions: reconnaissance comme équivalentes les prescriptions techniques de l'autre partie, si elles permettent de réaliser le même objectif final) et Obligation de transparence pour les parties notamment les échanges d'information
Instruments de sauvegarde	Suspension des réductions tarifaires, augmentation des droits de douanes à appliquer aux taux NPF et aux quotas tarifaires – restrictions quantitatives non autorisées. Possibilité pour chaque partie de recourir aux les mesures de sauvegarde bilatérales et multilatérales pour protéger le secteur agricole protéger les industries existantes en cas d'augmentation des

commerciale. Mesures de sauvegarde[57]	importations, assurer la sécurité alimentaire et permettre le développement de nouvelles industries "naissantes". L'UE a accepté d'exempter les exportations du Cameroun de l'imposition des clauses de sauvegarde multilatérales qu'elle pourrait déclencher et ce pour une durée de 5 ans éventuellement renouvelable après réexamen par le comité APE. La durée des mesures de sauvegarde est de 2 ans avec possibilité de prolongation de 2 ans au maximum si les circonstances ayant conduit à la prise des mesures perdurent
Sauvegarde liée à la sécurité alimentaire	En cas d'insécurité alimentaire, des sauvegardes préventives peuvent être appliquées.
Mesures pour des raisons de protection des industries naissantes	Pas de restrictions quantitatives possibles. Sauvegardes possibles pour une période de 8 ans durant les 15 premières années. Extension possible pour un an supplémentaire.
Abolition des barrières non tarifaires et des mesures quantitatives	Prohibition de toutes restrictions aux importations et aux exportations autres que les droits ou taxes exception faite des mesures antidumping/de compensation

Sources: Agritade, *Les négociations d'APE, Afrique centrale. Note de synthèse*, mars 2010, p. 6 et Edoa (2014).

III – Evolution post-signature de l'APE d'étape au Cameroun ou le haro sur la ratification

Après la signature par le Cameroun et l'UE de l'accord d'étape, le 15 janvier 2009, la procédure de mise en œuvre voulait que celui-ci soit notifié par les deux parties à l'OMC, puis ratifié. L'UE a achevé le processus de notification le 28

[57] Les mesures de sauvegarde sont définies comme des mesures "d'urgence" concernant l'accroissement des importations de produits particuliers, lorsque ces importations causent ou menacent de causer un dommage grave à la branche de production nationale du Membre importateur

septembre 2009 en attendant que les 27 Etats-membres entament, à leur tour, le processus de ratification.

Dans le cas du Cameroun, aucune démarche analogue n'a été entreprise après la signature, le gouvernement ayant demandé, fin 2009, un report en raison d'une part des règles d'origine non arrêtées entre les deux parties et, d'autre part du retard pris dans les négociations avec la région Afrique centrale et l'UE. Mais en réalité, il semble que le gouvernement aient pris conscience d'un certain nombre de réalités tournant autour des APE et principalement :

- l'impact sur les finances publiques ;
- l'offre handicapant de l'UE pour l'intégration régionale
- le bilan négatif des préférences tarifaires en matière d'industrialisation ;
- l'offre sans dimension développement de l'UE ;
- la non prise en compte des mutations structurelles avec notamment le déplacement du centre de gravité de l'économie mondiale de l'Occident vers l'Orient à la faveur de la crise financière de la zone euro de 2008-2009 et le repositionnement de la Chine[58].

Si le report était décidé, l'un des risques courus par le Cameroun serait que l'UE soit obligée de rétablir automatiquement le SPG, c'est-à-dire que les produits camerounais commencent à être soumis aux taxes et tarifs douaniers pour l'accès au marché européen. Une éventualité que les autorités camerounaises considèrent toujours comme une menace pour l'économie nationale.

---

[58] Sur tous ces aspects voir R. Ebalé, « Accords de partenariat économique (APE). Vers le tournant décisif ? Le dos au mur du Cameroun face à l'Union européenne » in Le *quotidien de l'économie*, quotidien d'informations économiques paraissant à Yaoundé, N° 0010 du mardi 24 janvier 2012, p. 11, N° 0013 du vendredi 27 janvier 2012, p. 11 et N° 0015 du mardi 31 janvier 2012, p. 11 et P.M.P. Babissakana, « Les Enjeux de la compétitivité et les défis pour les entreprises », Communication au Dîner-débat organisé par le GICAM sur « Les enjeux de l'Accord de partenariat économique entre le Cameroun et l'Union européenne », Douala, 7 mai 2013.

C'est dans ce contexte qu'intervint, en septembre 2011, la proposition d'amendement du Règlement d'accès au marché de décembre 2007 qui obligeait les pays ayant signé un APE avec l'UE à le ratifier au plus tard au 1er octobre 2014 sous peine de perdre tous les avantages induits par l'APE avec la mise en application immédiate du SPG.

Dès l'annonce de cette proposition, une forte pression fut immédiatement engagée par la partie européenne pour pousser le Cameroun à tout prix à la ratification. Cette pression était principalement entretenue par les fonctionnaires de la Délégation de l'UE qui tenait absolument « amener le Cameroun à la raison ». Le ton fut donné à partir de décembre 2011 par M. Nicolas Berlanga, Chargé d'affaires par intérim à la Délégation lors d'un séminaire organisé par la Commission européenne à Yaoundé en marge de la Foire industrielle sous régionale « Promote 2011 ». Ce dernier affirmait à cette occasion :

> Pour ne pas être pénalisé par la nouvelle réglementation du marché, le Cameroun devrait ratifier autour de mi-2012. Si le cacao, les produits dérivés du cacao, l'aluminium, les bananes du Cameroun ne veulent pas être pénalisés à partir du 1er janvier 2014, il faut ratifier, malheureusement, autour de mi-2012 […]. Ce n'est pas une sanction de la part de l'Union européenne pour vous mettre une pression. Nous sommes dans une situation juridique intenable, le fait d'un accord qui a été signé depuis 2008 et quatre ans après n'a pas été ratifié nous met dans une situation très difficile vis-à-vis d'autres partenaires au sein de l'Organisation mondiale du commerce[59].

Par la suite, c'est M. Raul Mateus Paula, chef de la Délégation de l'UE, qui se livra dès juin l'année 2012 à une véritable campagne de presse dont le seul but était de pousser le Cameroun à la ratification de l'APE d'étape.

---

[59] Xinhua, « APE : pressions de l'UE sur le Cameroun pour ratifier l'APE intérimaire de 2009 avant 2014 », *http://www.afriquinfos.com/articles/2011/12/6/afrique-centrale-192287.asp*, mardi 6 décembre 2011.

En juin 2012, dans une interview au quotidien local *Mutations*, l'ambassadeur déclarait :

> La situation ne peut pas s'éterniser. Juridiquement ce n'est pas faisable. Vous avez trois pays qui étaient dans la même situation. Un signe mais ne ratifie pas et peut prétendre à un accès privilégié au marché européen. Cela ne peut s'éterniser. Sinon ce serait contraire aux règles de l'Omc (Organisation mondiale du Commerce, ndlr). Raison pour laquelle maintenant, nous avons mis un nouveau règlement d'accès au marché qui va entrer en vigueur en principe en 2014. Donc maintenant, le Cameroun doit décider s'il ratifie cet accord ou pas. Et s'il ne le ratifie pas, il doit savoir qu'il va y avoir des conséquences. Si le Cameroun ne ratifie cet accord, sa banane sera taxée en Europe et je peux vous dire que ce ne sera pas facile pour le secteur. Il y a aussi le secteur de l'aluminium. Savez-vous qu'il y a des investissements énormes à Edéa, qui sont d'ailleurs liés à Lom Pangar (au barrage réservoir de Lom Pangar, ndlr), car l'aluminium a besoin de beaucoup d'énergie. Et bien pour entrer dans le marché européen, cet aluminium sera taxé. Et vous savez que les investisseurs ont besoin de stabilité, sinon ils vont ailleurs. Il y a donc un risque très fort. Les produits comme le cacao, le café, les légumes, les fleurs…et toutes les potentialités d'un pays comme le Cameroun parce qu'il faut se projeter sur l'avenir[60].

Le 22 novembre 2012, au cours d'une journée de dialogue avec le secteur privé organisée à Douala par la Délégation de l'UE aux fins de plancher sur la situation réelle de la négociations des APE et d'amener ce secteur à composer positivement avec les pouvoirs publics à qui incombe la décision finale, M. Raul Mateus Paula fit monter la pression d'un cran au risque de heurter le Gouvernement qui voyait les choses autrement. Il affirmait à cet effet :

> Cela fait cinq ans que le Cameroun a signé l'accord de partenariat économique intérimaire d'étape, bénéficiant ainsi unilatéralement les avantages dans le cadre des exportations de ses produits en direction de l'UE. Mais, cette situation ne peut pas s'éterniser. Il est temps que le Cameroun fasse un choix sur le type de partenariat qu'il souhaite établir avec l'UE pour l'avenir […] L'octroi de (…) préférences

[60]*Mutations* du mercredi 6 Juin 2012.

> commerciales grâce au règlement 1528 a donné suffisamment de temps au cours des cinq dernières années pour permettre la ratification de l'accord intérimaire. C'est pourquoi la Commission européenne a engagé un processus d'amendement du Règlement 1528 qui prévoit de retirer, à partir du 1er janvier 2014, le libre accès au marché européen aux pays qui n'ont pas pris les mesures nécessaires en vue de la ratification des Ape paraphés en 2007. Il ne faut pas attendre janvier 2014 pour le faire. Car, après la ratification, il y a encore quelques formalités qui prennent du temps. Il faut agir maintenant[61].

Pour arriver à ces propos, le diplomate européen brandissait le fait que dans le cas du Cameroun, ce règlement a permis que les produits d'exportation camerounais jouissent du libre accès au marché européen, à partir du 1er janvier 2008, sans attendre la fin du processus d'officialisation de l'accord côté camerounais. Parmi les produits bénéficiant du libre accès sur le marché européen grâce à cet APE d'étape, il citait pour cela la banane, l'aluminium, les produits à base de cacao transformés et d'autres produits agricoles frais et transformés, pour une valeur d'environ 200 milliards FCFA par an. Aussi si le Cameroun ne ratifiait pas l'APE, la banane paierait à partir de 2014 117 euros par tonne avant d'entrer dans le marché européen (environ 76 000 FCFA), tandis que l'aluminium paierait 3% au titre des taxes douanières, ces deux produits occupant les 3e et 4e places dans le chapitre des exportations du Cameroun, avec respectivement les valeurs annuelles de 41 et 40,5 milliards FCFA[62].

Avec une fréquence de plus en plus répétée, le chef de Délégation de l'UE n'a plus raté une seule occasion de « raisonner » le Cameroun. Il en fut ainsi, le 15 mars 2013 dans

---

[61] H. B. Endong, « Accord de partenariat économique: L'Union Européenne accentue la pression sur le Cameroun », *La Nouvelle expression* du vendredi 23 novembre 2012.[62] Ibid. La question importante que refusait de se poser alors M. l'ambassadeur était celle de savoir aux mains de quels intérêts ces différents produits se trouvaient au Cameroun.

[62] Ibid. La question importante que refusait de se poser alors M. l'ambassadeur était celle de savoir aux mains de quels intérêts ces différents produits se trouvaient au Cameroun.

une interview accordée au journal *Le Messager*[63] ou, le 15 avril 2013 lors d'une visite à la Bourse de sous-traitance et de partenariat de la Chambre de commerce, d'industrie, des mines et de l'artisanat du Cameroun à Douala[64]. De même, le 7 mai 2013, lors d'un Dîner-débat organisé par le GICAM portant sur « Les enjeux de l'Accord de partenariat économique entre le Cameroun et l'Union européenne », l'ambassadeur se montra davantage insistant dans ses propos :

> Le gouvernement du Cameroun sera appelé à prendre prochainement une décision très importante pour son commerce extérieur et pour l'ensemble de son économie. En effet, après avoir paraphé l'accord intérimaire en décembre 2007 et l'avoir signé en janvier 2009, il doit à présent prendre une décision souveraine: le ratifier et le mettre en œuvre, ou bien y renoncer[65].

Peu avant son départ du Cameroun, en septembre 2013 et à la question de savoir si le pays ne devait pas attendre pour favoriser les négociations pour un accord global dans le cadre de la zone CEMAC, le chef de Délégation de l'UE fut sans appel :

> Je dois être claire parce que [...] l'UE avait beaucoup de compréhension par rapport à la volonté du Cameroun d'aboutir à un projet régional, mais malheureusement [...] ce processus n'a pu aboutir. [...] Vous savez qu'il y a des comptes à rendre et vous savez

[63] Voir « Cameroun: Sénatoriales, longévité au pouvoir, corruption, APE, etc.: Les 4 vérités de Raul Mateus Paula, Ambassadeur de l'Union européenne », *Le Messager* du 15 mars 2013

[64] H. B. Endong, « Accords de partenariat économique: Raul Mateus Paul poursuit son chantage », *La Nouvelle expression* du mardi 23 avril 2013.[65] Voir R. M. Paula « Les enjeux de l'Accord de partenariat économique entre le Cameroun et l'Union européenne », Communication au Dîner-débat organisé par le GICAM sur « Les enjeux de l'Accord de partenariat économique entre le Cameroun et l'Union européenne », Douala, 7 mai 2013, p. 2.

[65] Voir R. M. Paula « Les enjeux de l'Accord de partenariat économique entre le Cameroun et l'Union européenne », Communication au Dîner-débat organisé par le GICAM sur « Les enjeux de l'Accord de partenariat économique entre le Cameroun et l'Union européenne », Douala, 7 mai 2013, p. 2.

> que l'Accord de Cotonou était déjà une dérogation de l'OMC et qui mettait le couperet au 30 décembre 2007, des préférences que l'UE a accordé aux pays ACP [qui] sont devenues illégales. Et donc, voilà depuis le 1er janvier 2008, on est en 2013, beaucoup d'eau a coulé, beaucoup de tentatives ont eu lieu et je crois que maintenant malheureusement, cette situation ne peut pas se poursuivre, je crois qu'il arrive à un moment donné, et là maintenant il y a un calendrier, où il faut prendre des décisions souveraines…[66].

A ces pressions européennes, le Cameroun est resté dans un premier temps sans réaction. Mais dès le 12 avril 2012, une concertation gouvernementale fut organisée à Yaoundé avec le patronat et les chambres consulaires, en vue « *de réaliser une convergence de vues entre tous les ministres camerounais qui s'occupent de la question*[67] ». La position du gouvernement restait ouvertement affichée :

1. Le Gouvernement restait solidaire des orientations des Chefs d'Etat de la CEMAC sur les APE à savoir aboutir à un APE complet, viable, juste, équilibré et mutuellement bénéfique pour toutes les parties ;
2. Le Gouvernement restait très préoccupé par les conséquences d'une libéralisation des échanges avec l'UE sur le tissus productif national, sur les finances publiques et sur l'intégration régionale ;
3. Le Gouvernement était engagé à poursuivre des négociations régionales afin de conclure un APE complet susceptible de « préserver les acquis de l'intégration régionale[68]».

---

[66] R. Mateus Paula, « Accord de partenariat économique : pourquoi seul le Cameroun doit ratifier », *Le Quotidien de l'économie*, N° 0411 du vendredi 20 septembre 2013, pp. 6-7.

[67] Propos du ministre de l'Economie, M. Nganou Djoumessi. Suite à cette concertation, le Cameroun aurait mis en place, début 2013, un comité d'étude et de réflexion sur le SPG européen, signe qui augure peut-être du refus définitif de Yaoundé de ratifier l'accord. Voir J. Evina, « Accord de partenariat économique. la grande peur ! », *African business*, Edition française N° 26, Février-Mars 2013, p. 18.

[68] C. Elombat Mbédé, présidente du CNSCN APE « Défis des négociations des APE pour le Cameroun », Communication au Dîner-débat organisé par le

De fait trois scénarii s'offraient alors au Cameroun avec des implications résumées dans le tableau suivant :

Tableau 19
Scénarii camerounais sur le futur des négociations APE en 2013

Scénario	Implications
Le Cameroun ratifie l'APE d'étape	- C'est un accord incomplet sans le volet développement qui aura des conséquences considérables sur le secteur productif (industrie, agriculture) et sur les finances publiques (recettes douanières et fiscales). On évalue les pertes fiscales en moyenne sur la période de démantèlement entre 70 et 80 milliards F CFA par an - Le processus d'intégration régionale en Afrique centrale volera en éclat. - Baisse en perspective des exportations du Cameroun vers la région CEMAC. - Mort programmée des négociations au niveau régional
Le Cameroun signe un APE régional complet	- C'est l'option idéale privilégiée par le Gouvernement. Les pays de l'Afrique centrale continueront de bénéficier de l'accès en franchise de droit de douane dans le marché de l'UE. - La prise en compte des mesures d'accompagnement et leur financement atténuera l'impact de la libéralisation - Le processus d'intégration régionale en Afrique centrale sera renforcé - Forte mobilité en perspective des capitaux dans la région Afrique centrale - Amélioration des échanges intra pays CEMAC - Renforcement des capacités productives
	- Pas de libéralisation, statu quo. Faible impact sur les

GICAM sur « Les enjeux de l'Accord de partenariat économique entre le Cameroun et l'Union européenne », Douala, 7 mai 2013.

Le Cameroun ne ratifie pas l'APE d'étape et ne conclut pas un APE régional complet	secteurs exposés à la concurrence; - Le Cameroun verrait 14,4% de ses exportations vers l'UE affectées, soit 81,8% du commerce préférentiel actuel. Trois lignes tarifaires sur dix (30,2%) seront affectées par des droits de douane positifs; - Produits les plus affectés: banane; aluminium; beurre, graisse et huile de cacao. - Une baisse des exportations camerounaises à destination de l'UE de l'ordre de 5,6% par comparaison à leur niveau actuel soit une diminution des parts de marchés de 0,002 point correspondant à une baisse globale de 3,6%. - Les produits soumis au taux de droit de douane positif acquitteront des droits réels estimés à 12,73 milliards FCFA par an pour accéder au marché de l'UE. - Des pertes fiscales énormes - Non éligibilité à certains programmes de soutien à la libéralisation à mettre en œuvre par l'UE - Non accès total au vaste marché de l'UE - Statut quo en matière d'intégration régionale

Source : Elombat (2013).

C'est fort de cette situation que le 18 juillet 2013, la presse fit écho de la décision du chef de l'Etat camerounais, M. Paul Biya, de ratifier l'APE d'étape. Finalement convaincu par le discours de l'Europe et de son chef de la Délégation, le Président camerounais fit pour cela convoquer l'ensemble des ministres proches du dossier de l'APE (Economie, Commerce, Finance, Agriculture, PME...) aux fins de prendre les directives et les instructions nécessaires auprès de M. Séraphin Magloire Fouda, secrétaire général adjoint à la présidence et conseiller économique influent du président. Selon une source présente à cette rencontre, M. Fouda « *a dit que le chef de la délégation de l'Union européenne, M. Raul Paula Mateus, a convaincu le président de la République de faire signer cet accord pour notre pays* »[69].Le 13 août 2013 se tint à Yaoundé une réunion gouvernementale élargie au secteur privé dont le but était de « réfléchir sur la stratégie à adopter par l'économie camerounaise pour s'adapter aux APE que le pays s'apprête à ratifier[70] ». les retombées de cette réunion furent notamment la création, le 28 novembre 2013, d'un « Comité de suivi et de la mise en œuvre de l'Accord de partenariat économique bilatéral Cameroun-Union européenne» dont la première session se tint le 28 février 2014 à Yaoundé avec quatrième à l'ordre du jour le plan de ratification de l'APE bilatéral[71]

Entre temps et comme pour pousser davantage le Cameroun à la ratification, l'UE mit de nouveau à la disposition du gouvernement un appui financier d'un montant total 10 millions d'euros (6,5 milliards FCFA) dans le cadre du Programme d'appui à l'amélioration de la compétitivité de l'économie camerounaise (PACOM)[72]. Lancé officiellement, le 8 novembre 2013 à Douala, ce programme devait permettre «de faire face

---

[69] P. Siki, « Le gouvernement se prépare secrètement à signer l'APE », *Repères*, N° 333 du mercredi 31 juillet 2013, p. 3.

[70] J. Chongwang, « Le Cameroun veut ratifier les APE sans dégâts », *Le Quotidien de l'économie*, N° 390 du mardi 13 août 2013, p. 5.

[71] Aboudi Ottou « Accord de partenariat économique. Désaccord au sein l'Union européenne », *Hebdo Intégration* N° 130, Mars 2014, p. 10.

[72] Le Plan d'adaptation et de modernisation de l'économie camerounaise face à la mondialisation, dans la perspective l'entrée en vigueur de l'APE nécessiterait, selon les sources gouvernementales, la mobilisation de financements d'un montant total de 2500 milliards FCFA. Cette somme qui devra être mobilisée à 80 % par le Trésor public camerounais, contre 20% pour les partenaires au développement, et permettre de remettre à niveau les entreprises et d'accroître leurs capacités de production et d'exportation. Il sera également question d'améliorer les normes des produits camerounais afin de les arrimer aux exigences internationales, mais surtout de lancer des réformes fiscalo-douanières adaptées aux APE. Voir MINEPAT, *Plan de modernisation de l'économie camerounaise dans la perspective de l'entrée en vigueur de l'APE*, Yaoundé, 2013.

aux besoins d'accompagnement du gouvernement camerounais dans la mise en œuvre de l'accord d'étape… ».

Concrètement, le PACOM vise à ce jour trois objectifs principaux : (1) la mise à niveau des petites et moyennes entreprises camerounaises du secteur productif industriel et agro-industriel ; (2) le renforcement de la normalisation et de la qualité des produits camerounais ; (3) la mise à la disposition des entreprises de compétences et de structures d'appui plus efficaces, notamment dans les filières ou secteurs prioritaires, de manière à ce qu'elles produisent des biens et services de qualité pour conquérir durablement les marchés[73].

La démarche de la Commission européenne a rencontré une vive critique de quelques Etats-membres de l'UE dont principalement la France, le Royaume-Uni, l'Irlande, les Pays-Bas et le Danemark. Ces cinq pays prirent en effet le contrepied de l'UE dans une correspondance datée du 5 décembre 2013 où ils dénoncèrent l'Accord d'étape que le Cameroun s'apprêtait à ratifier. Ladite correspondance était signée par les ministres en charge des questions commerciales et de développement de ces Etats et adressée à Catherine Ashton, chef de la diplomatie européenne, à Andris Piebalgs Commissaire européen au Développement et à Karel de Gucht, commissaire européen au Commerce[74].

Pour les signataires, et fait, les accords d'étape n'ont pas été «négociés sur une base régionale» car ils sont tous bilatéraux (cas avec le Cameroun, le Ghana et la Côte d'Ivoire).

En indiquant dans leur courrier que «*conclure de manière heureuse des APE régionaux pro-développement, est une question de crédibilité et de cohérence politiques, l'UE s'étant toujours positionnée comme un grand supporter de l'intégration régionale en Afrique*», les cinq Etats, suggéraient

---

[73] *http://www.investiraucameroun.com/tags/ape.*Malheureusement, apprend-on, le PACOM ne devrait permettre que la mise à niveau d'une centaine de PME sur les 98 000 recensées par l'Institut national de la statistique (INS) et à des conditionnalités très rigoureuses (chiffre d'affaires supérieure ou égal à 50 millions FCFA).

[74] Aboudi Ottou « Accord de partenariat économique… », op. cit.

clairement l'abandon de la procédure de mise en œuvre des APE d'étape(même pour les pays qui les ont signés) pour une conclusion des APE régionaux en berne dans la sous-région Afrique centrale du fait notamment de divergences avec l'UE. Ils indiquaient à ce propos, dans leur lettre aux hauts responsables de la Commission de l'UE, qu'*«il est temps d'être plus flexible sur les points de divergences. Afin d'aboutir à une conclusion rapide des négociations* »[75].

C'est dans ce contexte et à la surprise générale, qu'intervint, le 10 juillet 2014, l'annonce de la ratification par le Parlement camerounais de l'APE d'étape avec une mise en œuvre effective dès le 4 août de la même année.

---

[75] Ibid. Les cinq Etats émirent à ce sujet des recommandations notamment en ce qui concerne sur le taux de libéralisation (80 % au lieu de 71 %), sur la période de transition (au moins 20 ans au lieu de 15 ans), Sur les taxes à l'exportation (démantèlement au cas par cas) et sur les mesures d'accompagnement, (que le 11ème FED prenne explicitement en compte les besoins d'accompagnement de l'APE)

Conclusion

Cette œuvre visait à présenter les APE négociés entre l'UE et les pays ACP. Pour ce faire, nous avons examiné le contexte historique de l'avènement de cet accord, l'organisation des négociations, son contenu et es enjeux y afférant. Nous voulons espérer que notre approche a été nécessaire pour avoir une perception globale des APE.

Il peut alors se dégager quelques points essentiels :

1. L'APE est un accord commercial régional d'un genre particulier qui n'est pris en compte que par défaut dans le droit de l'OMC. Il met en présence des parties de capacités et de niveaux de développement différents. Cette différence est à la base de nombreux points de discorde dans les négociations, particulièrement pour ce qui est de l'offre d'accès au marché et les questions de développement ;

2. La discorde observée dans le cadre des APE en partie en raison des liens historiques de domination qui existent entre l'Europe et ses partenaires d'Afrique, des Caraïbes et du Pacifique. Rapport de domination dont la principale résultante a été pendant longtemps la définition unilatérale par l'Europe de l'agenda des termes de la coopération avec les pays ACP en général et ceux de l'Afrique en particulier. Aujourd'hui pour la première fois, l'Afrique et l'Europe sont appelées à négocier sur le même pied d'égalité, un partenariat qui se veut équitable ;

3. D'importants enjeux stratégiques sous-tendent la négociation les APE. Un de ceux-ci est la bataille européenne pour la préservation de son accès privilégié aux ressources (matières premières) et aux marchés africains face à l'offensive des pays émergents (Chine, Inde, Brésil) ;

4. Les APE, malgré leurs conséquences fâcheuses, ne sauraient cependant rester un éternel épouvantail. Car ceux-ci, signés ou pas, constituent une opportunité pour nos pays de se remettre en question sur le plan intérieur par une meilleure

organisation et une gouvernance exigeante tout en entretenant une solidarité forte avec les autres Etats africains.

Pour les pays déjà engagés dans le processus à l'exemple du Cameroun, à défaut d'une dénonciation des APE par une génération courageuse mais bien préparée, il s'agit maintenant de rechercher les voies et les moyens de transformer les risques présentés par l'accord en opportunités exploitables. Les experts penchent pour cela vers une démarche privilégiant : la veille informationnelle et stratégique, le respect des conditions d'accès aux marchés notamment par le processus de la certification, la bonne application des normes, une meilleure organisation des producteurs, et des programmes de mise à niveau efficaces.

Bibliographie indicative

Abena Nguema C., *L'impact des accords de l'OMC sur l'économie du Cameroun, négociation et mise en œuvre*, rapport préparé dans le cadre du Programme Intégré Conjoint d'Assistance Technique (JITAP), Février 2006.

Aboudi Ottou « Accord de partenariat économique. Désaccord au sein l'Union européenne », *Hebdo Intégration* N° 130, Mars 2014, p. 10

Affessié Y. L., *L'impasse des négociations de l'Accord de partenariat économique (APE) Afrique centrale-Union européenne*, mémoire de Master en relations internationales (option Diplomatie), Institut des Relations Internationales (IRIC), Yaoundé, 2013.

Afouba A. M., *Participation du PROBAC à l'évaluation à mi-parcours d'un Accord de partenariat économique entre l'Union européenne et l'Afrique centrale*, Draft, septembre 2006.

Agone[en ligne], *« Quand la Commission européenne crée des lobbies africains »,* lundi 25 mai2009,*http://blog.agone.org/post/2009/05/09/Quand-la-Commission-europeenne-cree-des-lobbies-industriels-africains.*

Aka Bedia F., « Impacts économiques de la superposition d'ACRs dans les régions ACP et incidences possibles sur les futurs APE régionaux », *Passerelles*, Avril - Mai 2009, Volume X, Numéro 1, pp. 3-6.

Anania G., « Les bananes, les Accords de partenariat économique et l'OMC », *Eclairages sur les négociations*, N° 8, Vol. 8, octobre 2009, p. 6.

Assoua Elat N., *Contribution à l'amélioration du processus managérial au sein des plantations bananières au Cameroun : le cas de Njombe*, mémoire de Master II en socio-anthropologie du développement Option Développement et management des projets en Afrique, Université Catholique d'Afrique Centrale (UCAC), 2007.

Bilal S. et Rampa F., *APE Alternatifs et alternatives aux APE. Scénarios envisageables pour les relations commerciales entre Les ACP et l'UE*, Rapport de travail ECDPM N° 11, Maastricht, 2006.

Agritrade,*Les négociations d'APE, Afrique central. Note de synthèse*, janvier2009.

Agritade, *Les négociations d'APE, Afrique centrale. Note de synthèse*, mars 2010.

Babissakana P.M.P, « Les Enjeux de la compétitivité et les défis pour les entreprises », communication au Dîner-débat organisé par le GICAM sur « Les enjeux de l'Accord de partenariat économique entre le Cameroun et l'Union européenne », Douala, 7 mai 2013.

Bertholot J., *Echanges agricoles d'Afrique Sub-saharienne et d'Afrique de l'Ouest et Accords de partenariat économique avec l'Union Européenne*, ROPPA et Solidarité, avril, 2007.

Boungou Bazika J. C., « Les APE : atout et frein à l'intégration des pays de la CEMAC », Communication au Colloque FARM « *Quel cadre pour les politiques agricoles, demain, en Europe et dans les pays en développement ?* » Paris, 27-29 novembre, 2006.

CEA-BSRAC, *Etat d'avancement de l'intégration en Afrique centrale. Prospectus 2009*, Yaoundé, septembre 2009.

CEMAC et CE, *Feuille de route des négociations des Accords de partenariat économique (APE) entre l'Afrique centrale et l'Union européenne*, juillet 2004.

Centre Africain pour le Commerce, l'Intégration et le Développement (CACID),« APEs : APE Vote du Parlement Européen en faveur des ACP », Notes et analyses du CACID, Septembre 2012.

Chendjou Ndeffo C., *La protection de l'environnement à l'épreuve des nouveaux Accords de partenariat économique (APE) UE – ACP*, mémoire de Master en droit international et comparé de l'environnement, Université de Limoges, 2008.

Chongwang J., « Le Cameroun veut ratifier les APE sans dégâts », *Le Quotidien de l'économie*, N° 390 du mardi 13 août 2013, p. 5.

Commission européenne, *Accord de partenariat ACP-CE signé à Cotonou le 23 juin 2000*, Bruxelles, 2004.

Commission européenne, *APE - une nouvelle approche dans les relations entre UE et pays ACP*, Bruxelles, Septembre 2002.

Commission européenne, *Fiche d'information sur les Accords de partenariat économique intérimaires Afrique centrale : Cameroun*, Bruxelles, janvier 2012.

Commission européenne, *Livre Vert sur les relations entre l'Union européenne et les pays ACP à l'aube du 21ème siècle. Défis et options pour un nouveau partenariat*, Luxembourg, Office des publications officielles des Communautés européennes, 1997.

Davenport M., Hewitt A. et Konig A., *Partenaires privilégiés de l'Europe. Les pays de Lomé et le commerce mondial*, Maastricht, Rapport ECDPM N° 5, 1996.

Diabaté H., « Accords de partenariat économique : l'épée de Damoclès qui pèse sur la banane camerounaise », *La lettre de la bourse*, N° 054 du 26 novembre 2007.

Dieye C. T., *Le point sur les négociations dans les régions africaines*, Communication au Dialogue sur les APE et les pêcheries, Mombassa (Kenya), 9-10 février 2010, p. 12-13.

Diouf E., *L'Afrique et le droit à la différence dans les*

négociations commerciales internationales. OMC, APE, Intégration régionale, Paris, L'Harmattan, 2009.

Douala Epale S., « Accord de partenariat économique. Panique dans les rangs des exportateurs africains de fruits », *La lettre de la bourse*, N° 054 du 26 novembre 2007.

Douya E., Hermelin B. et Ribier V., *Impact sur l'agriculture de la CEMAC et Sao Tomé et Principe d'un Accord de partenariat économique avec l'Union européenne*, Rapport définitif, Paris, GRET et CIRAD, mars 2006.

Ebalé R., « Accord de partenariat économique (APE). Pourquoi et comment le Cameroun a signé » in *Le Jour*, quotidien d'informations générales paraissant à Yaoundé, N° 95 du jeudi 7 février 2008 pp. 8-9.

Ebalé R., « Accord de partenariat économique. Trois questions au Dr. Raymond Ebalé », *African business*, Edition française N° 26, Février-Mars 2013, p. 20.

Ebalé R., « Accords de partenariat économique (APE). Vers le tournant décisif ? Le dos au mur du Cameroun face à l'Union européenne » in *Le Quotidien de l'économie*, N° 0010 du mardi 24 janvier 2012, p. 11, N° 0013 du vendredi 27 janvier 2012, p. 11 et N° 0015 du mardi 31 janvier 2012, p. 11.

Ebalé R., « La mondialisation comme facteur de marginalisation des pays économiquement faibles. Le cas des pays ACP sur le marché européen de la banane » in *Les Cahiers de l'UCAC* N° 6, 2002.

Ebalé R., *La négociation des Accords de partenariat économique (APE) entre l'Union européenne et les pays ACP. Perspective historique et étude de cas de l'Afrique centrale et du Cameroun*, à paraitre courant 2014.

Ebalé R., « Les futurs APE à l'épreuve de l'AGCS » in *Repères,* hebdomadaire d'informations économiques paraissant à Yaoundé, N° 090 du 24 septembre 2008, pp. 8-9.

Ebalé R., « Les questions juridiques autour des APE : la Clause de statu quo » in *Le Droit*, mensuel d'informations juridiques paraissant à Yaoundé, N° 015, Septembre-Octobre- 2011, p 5.

Ebalé R., « Les questions juridiques autour des APE : la Clause de non exécution » in *Le Droit*, mensuel d'informations juridiques paraissant à Yaoundé, N° 020, Janvier-Février 2013, p. 7.

Ebalé R., « Les questions juridiques autour des APE : la Clause de la Nation la plus Favorisée (NPF) » in *Le Droit*, mensuel d'informations juridiques paraissant à Yaoundé, N° 013, Mai-Juin 2011, pp. 18-19.

Ebalé R., « Les questions juridiques autour des APE : compatibilité avec l'OMC : l'article XXIV du GATT sur ''l'essentiel des échanges'' et le ''délai raisonnable'' in *Le Droit*, mensuel d'informations juridiques paraissant à Yaoundé, N° 011, Janvier-Février 2011, pp. 8-9.

Ebalé R., « Les questions juridiques dans les APE entre l'Union européenne et les pays ACP : essai d'éclairage » in *Le Droit,* mensuel d'informations juridiques paraissant à Yaoundé, N° 010, novembre-décembre 2010, pp. 8-9.

Ebalé R., « Les questions juridiques autour des Accords de partenariat économique (APE) : le mécanisme de règlement des différends », *Le Droit* N° 023, Juin-Juillet 2013, pp. 6-7.

Ebalé R., « Les voies de ratification de l'Accord de partenariat économique (APE) entre le Cameroun et l'Union européenne : contexte et enjeux», *Le Droit*, mensuel d'informations juridiques paraissant à Yaoundé, N° 025, Novembre-Décembre 2013, p 6.

Ebalé R., *L'Union européenne et les pays ACP : la fi n d'une illusion ? L'accord de Cotonou : bilan et perspectives à l'horizon 2020*, Paris, L'Harmattan, 2014.

Ebalé R., « Négociation des Accord de partenariat économique (APE) ACP-Union européenne : entre « stabilisation » et déstabilisation de l'Afrique centrale »,

Communication au Colloque *Stabilisation et en Afrique centrale : logiques et dynamiques d'une configuration régionale complexe* organisé à l'occasion du cinquantenaire de la Fondation Paul Ango Ela (FPAE),Yaoundé, 17-19 novembre 2009.

ECPDM, « Les dispositions commerciales de l'UE à l'égard des Etats ACP. La compatibilité aux règles de l'OMC », *Infokit Lomé*, N° 6, juin 1997.

ECDPM, « De Doha à Cotonou », *Eclairage sur les négociations*, Vol.2, N°1, février 2003.

ECDPM, « Les accords de partenariat économiques régionaux », *Infokit Cotonou. Le nouvel accord de partenariat ACP-UE,* Fiches n°14 et n° 15, Maastricht, janvier 2001.

ECDPM, « Les préférences commerciales de l'UE en faveur des Etats ACP. Impact et options », *Infokit Lomé*, N° 3, juin 1997.

Edoa G. D., Présentation et mise en œuvre de l'Accord de partenariat économique (APE) d'étape entre le Cameroun et l'Union européenne, Communication au Séminaire « *APE Cameroun- Union européenne. Un nouveau partenariat pour le commerce et le développement* » organisé par la Commission européenne en collaboration avec le ministère de l'Economie, de la Planification et de l'Aménagement du Territoire (MINEPAT) dans le cadre du Salon PROMOTE 2014, Yaoundé 13 décembre 2014.

Elomba Mbédé C., Présidente du CNSCN APE « Défis des négociations des APE pour le Cameroun », Communication au Diner-débat organisé par le GICAM sur « Les enjeux de l'Accord de partenariat économique entre le Cameroun et l'Union européenne », Douala, 7 mai 2013.

Endong H. B., « Accords de partenariat économique: Raul Mateus Paul poursuit son chantage », *La Nouvelle expression* du mardi 23 avril 2013.

Endong H. B., « Accord de partenariat économique: L'Union

Européenne accentue la pression sur le Cameroun », *La Nouvelle expression* du vendredi 23 novembre 2012.

Evina J., « Accord de partenariat économique. La grande peur ! », *African business*, Edition française N° 26, Février-Mars 2013, p. 18.

Fankam J., « Ouvertures des marchés : les engagements pris par le Cameroun et l'UE », *Cameroon Tribune* du lundi 19 janvier 2009, p. 5.

FIDH, *Note de position. Les Accords de partenariat économique (APE) et les droits de l'Homme*, juin 2007.

Gilguy C., « Filières agro-industrielles : quatre ans de restructuration », *Marchés tropicaux et méditerranéens* Spécial Cameroun, N° 2457 du 11 décembre 1992, p.3334 ;

Gnanga G. W., *Les Accords de Partenariat Economique (APE) et les enjeux pour la CEMAC*,Dossiers et exposés d'économie, Institut Sous-régional de Statistique et d'Economie Appliquée (ISSEA), Yaoundé 2008.

Gomes P., *Statement to Committee on International Trade Hearing on the Economic Partnership AgreementCARIFORM-EC*, Decembre 2008.

GRET, *Impacts de l'Accord de partenariat économique UE – Afrique de l'Ouest, Synthèse bibliographique*, décembre 2005.

Guichi M-N., « Le Cameroun signe malgré les réserves de la société civile », *Le Messager* N°2777 du 19 janvier 2009, p. 11

Hauser H. et Zimmermann T., « Régionalisme ou multilatéralisme »,*La vie économique.* Revue de politique économique, N° 5, 2001.

Halleux S. de, *L'intégration des pays ACP dans l'économie mondiale par les APE: leurre imposé ou ambition réaliste pour le développement ?*mémoire de DES en coopération au développement, Université Libre de Bruxelles, 2008.

ICTSD, « APE : L'UE continue de mettre la pression sur les

pays CDAA (communauté des Etas de l'Afrique Australe) pour obtenir des APE », *Passerelles Synthèse*, Vol. 12, 14, Septembre l 2011.

ICTSD, « Blocage des APE : l'UE se tourne vers des accords intérimaires », *Passerelles Synthèse*, Vol. 12, N 7, Avril 2011.Journal Officiel de l'Union européenne, *Accord d'étape vers un accord de partenariat économique entre la Communauté européenne et ses États membres, d'une part, et la partie Afrique centrale, d'autre part*, L 57/2 FR. 28 février 2009.

Karingi S. et al.,*Evaluation de l'impact de l'Accord de partenariat économique entre les pays de la CEMAC et l'Union européenne*, Commission Economique pour l'Afrique, Centre Africain de Politique Commerciale (CAPC), décembre 2004.

Kersjes I. et Man Yu Y. « Le système de préférence généralisées de l'UE », *Eclairage sur les négociations*, Vol. 7, N° 2, septembre 2008, p. 6.

Kotcho Bongkwaha J., « Les effets systémiques de l'APE sur l'intégration régionale en Afrique centrale », *Passerelles*, Mai-Juillet 2011, Volume XII, Numéro 3, p. 9.

Koum C., « Le Cameroun signe l'accord d'étape », *La Nouvelle expression* N° 2131 du 18 décembre 2007, p. 4.

La voix du paysan N° 198, novembre 2007.

Lazzeri T., « L'UE veut forcer les pays ACP à signer les APE »,*http://www.aefjn.org/index.php/materiel-392/articles/la-commission-europeenne-veut-forcer-les-pays-acp-a-signer-les-ape.html,* Africa EuropeFaith and Justice Network, juin 2012, téléchargé le lundi 11 juin 2012.

Lefort J-C., *Rapport d'information sur la négociation des Accords de partenariat économique avec les pays d'Afrique, des Caraïbes et du Pacifique,* Assemblée nationale française, Délégation pour l'Union européenne, Paris, 2006.

Le Messager du 15 mars 2013 : « Cameroun : sénatoriales, longévité au pouvoir, corruption, APE, etc.: Les 4 vérités de Raul Mateus Paula, Ambassadeur de l'Union européenne »,

Lemesle R-M., *La convention de Lomé : principaux objectifs et exemples d'actions 1975-1995*, Paris, CHEAM, 1995.

Lofti M'rini M. D., *De La Havane à Doha. Bilan juridique et commercial de l'intégration des pays en développement dans le système commercial multilatéral*, Québec, Les Presses de l'Université Laval, 2005.

Mateus Paula R., « Accord de partenariat économique : pourquoi seul le Cameroun doit ratifier », *Le Quotidien de l'économie*, N° 0411 du vendredi 20 septembre 2013, pp. 6-7.

Mateus Paula R. « Les enjeux de l'Accord de partenariat économique entre le Cameroun et l'Union européenne », Communication au Dîner-débat organisé par le GICAM sur « Les enjeux de l'Accord de partenariat économique entre le Cameroun et l'Union européenne », Douala, 7 mai 2013, p. 2.

Mayo R. R., *Les Accords de partenariat économique et l'intégration régionale : le cas de l'Afrique centrale*, mémoire de Master en Contentieux international, Institut des Relations Internationales (IRIC), Yaoundé, 2013.

Michel L., *Accords de partenariat économique : moteurs du développement*, Bruxelles CE, 2008.

MINEPAT, *Plan de modernisation de l'économie camerounaise dans la perspective de l'entrée en vigueur de l'APE*, Yaoundé, 2013.

Monkam A., « Impact des APE sur l'économie camerounaise et sur son intégration dans la sous région »,Communication au *Séminaire de sensibilisation des acteurs économiques aux Accords de partenariat économiques ACP-UE*, Yaoundé, 25-27 août 2003.

Monkam A. et Itambe Hako P.,*Etude de l'impact des Accords*

de Partenariat Economique et les scénarios d'ajustement préliminaires. Rapport Final, CRETES et Groupe ACP, juin 2003.

Modou Gueye E., *Les Accords de Partenariat Economique (APE)*, Mémoire de maîtrise en droit des affaires, Université Cheikh Anta Diop, 2008.

Mutations du mercredi 6 Juin 2012.

Olivier D. H., « L'OMC entre régionalisme et multilatéralisme », *Problèmes économiques*, N° 2915, 2006.

Oxfam, *Les préoccupations d'Oxfam International concernant les APE intérimaires*, Document d'information d'Oxfam International, décembre 2007.

Oxfam, *Partenaires inégaux: Comment les Accords de partenariat économique (APE) UE–ACP pourraient nuire aux perspectives de développement d'un grand nombre de pays parmi les plus pauvres*, Document d'information d'Oxfam International, septembre 2006.

PriceWaterhouseCoopers, *Evaluation synthétique des études d'impact de l'APE réalisées pour les pays membres de la CEMAC, Sao Tome et Principe et la République Démocratique du Congo (RDC)*, Rapport final, version définitive (Résumé), juillet 2007.

Rousselin M., « Le multilatéralisme en question : le Programme de Doha pour le Développement et la crise du système commercial multilatéral », *Cahiers de recherche politique de Bruges*, 2003.

Sampéré F., *Les accords de partenariat économique : un chemin critique vers l'intégration régionale et la libéralisation des échanges*, Note de l'Ifri, novembre 2008.

Secrétariat ACP, *Négociations ACP-UE des Accords de partenariat économique. Points de convergences et de divergences,* Bruxelles, 28 septembre 2003.

Secrétariat ACP, *Négociations ACP-CE sur les APE. Rapport*

conjoint sur la phase « tous ACP»-CE des négociations, Bruxelles, 2 octobre 2003.

Siki P., « Le gouvernement se prépare secrètement à signer l'APE », *Repères*, N° 333 du mercredi 31juillet 2013, p. 3.

Siki P., « Paul Biya recule sur l'APE », *Repères*, N°371 du mercredi 7 mai 2014, p. 2

South Centre, *Comprendre les Accords de partenariat économique (APE),* Fiche Technique N°1, Document analytique, Genève, mars 2007.

South Centre, *Aide au commerce et assistance financière pour la mise en œuvre des APE*, Fiche technique n°6, Document analytique, Genève, mai 2007.

Tjomb G. A., « Banane camerounaise : le diktat des entreprises françaises », *Indices* n° 105 du 5 mai 2008, p. 7.

Vernier G., « La convention de Lomé entre une escale à Maurice et la recherche de nouveaux horizons (fluctuat nec mergitur ?) », *Cahier du GEMDEV* N° 25, *La convention de Lomé : diagnostics, méthodes d'évaluation et perspectives*, juin 1997, pp. 20-35.

Xinhua, « APE : pressions de l'UE sur le Cameroun pour ratifier l'APE intérimaire de 2009 avant 2014 »,*http://www.afriquinfos.com/articles/2011/12/6/afrique-centrale-192287.asp*, mardi 6 décembre 2011.

Yebi E., « Négociation des APE : les dégâts d'une gestion bureaucratique », *Le Quotidien de l'économie,* N° 0322 du Lundi 06 mai 2103, p.11.

Yebi E., « Accord de partenariat économique. Sombres agissements des pays du vieux continent », *Le Quotidien de l'économie,* N° 0320 du jeudi 02 mai 2103, p. 8.

Tables des matières

Chapitre 3

Organisation générale des négociations

Chapitre 4

Les APE : un sujet hautement controversé

Chapitre 5

Les APE : un accord aux multiples enjeux

Chapitre 6

Présentation de l'APE d'étape signé par le Cameroun

L'HARMATTAN ITALIA
Via Degli Artisti 15; 10124 Torino

L'HARMATTAN HONGRIE
Könyvesbolt ; Kossuth L. u. 14-16
1053 Budapest

L'HARMATTAN KINSHASA
185, avenue Nyangwe
Commune de Lingwala
Kinshasa, R.D. Congo
(00243) 998697603 ou (00243) 999229662

L'HARMATTAN CONGO
67, av. E. P. Lumumba
Bât. – Congo Pharmacie (Bib. Nat.)
BP2874 Brazzaville
harmattan.congo@yahoo.fr

L'HARMATTAN GUINÉE
Almamya Rue KA 028, en face
du restaurant Le Cèdre
OKB agency BP 3470 Conakry
(00224) 657 20 85 08 / 664 28 91 96
harmattanguinee@yahoo.fr

L'HARMATTAN MALI
Rue 73, Porte 536, Niamakoro,
Cité Unicef, Bamako
Tél. 00 (223) 20205724 / +(223) 76378082
poudiougopaul@yahoo.fr
pp.harmattan@gmail.com

L'HARMATTAN CAMEROUN
BP 11486
Face à la SNI, immeuble Don Bosco
Yaoundé
(00237) 99 76 61 66
harmattancam@yahoo.fr

L'HARMATTAN CÔTE D'IVOIRE
Résidence Karl / cité des arts
Abidjan-Cocody 03 BP 1588 Abidjan 03
(00225) 05 77 87 31
etien_nda@yahoo.fr

L'HARMATTAN BURKINA
Penou Achille Some
Ouagadougou
(+226) 70 26 88 27

L'HARMATTAN SÉNÉGAL
10 VDN en face Mermoz, après le pont de Fann
BP 45034 Dakar Fann
33 825 98 58 / 33 860 9858
senharmattan@gmail.com / senlibraire@gmail.com
www.harmattansenegal.com

L'HARMATTAN BÉNIN
ISOR-BENIN
01 BP 359 COTONOU-RP
Quartier Gbèdjromèdé,
Rue Agbélenco, Lot 1247 I
Tél : 00 229 21 32 53 79
christian_dablaka123@yahoo.fr

Achevé d'imprimer par Corlet Numérique - 14110 Condé-sur-Noireau
N° d'Imprimeur : 120315 - Dépôt légal : juillet 2015 - *Imprimé en France*

www.ingramcontent.com/pod-product-compliance
Lightning Source LLC
LaVergne TN
LVHW021216061026
849535LV00008B/2761
* 9 7 8 2 3 4 3 0 6 7 4 8 3 *